走进大学
DISCOVER UNIVERSITY

什么是会计学？

WHAT IS ACCOUNTING?

耿成轩　主　编
仇冬芳　马　珩　副主编

大连理工大学出版社
Dalian University of Technology Press

图书在版编目(CIP)数据

什么是会计学？/ 耿成轩主编. -- 大连：大连理工大学出版社，2025.5. -- ISBN 978-7-5685-5361-2

Ⅰ．F230

中国国家版本馆 CIP 数据核字第 2024EA1664 号

什么是会计学？
SHENME SHI KUAIJIXUE?

出 版 人：苏克治
策划编辑：苏克治
责任编辑：李舒宁
责任校对：张　泓
封面设计：奇景创意

出版发行：大连理工大学出版社
　　　　　（地址：大连市软件园路80号，邮编：116023）
电　　话：0411-84707410　84708842(营销中心)
　　　　　0411-84706041(邮购及零售)
邮　　箱：dutp@dutp.cn
网　　址：https://www.dutp.cn

印　　刷：辽宁新华印务有限公司
幅面尺寸：139mm×210mm
印　　张：5.875
字　　数：130千字
版　　次：2025年5月第1版
印　　次：2025年5月第1次印刷
书　　号：ISBN 978-7-5685-5361-2
定　　价：39.80元

本书如有印装质量问题，请与我社营销中心联系更换。

出版者序

高考,一年一季,如期而至,举国关注,牵动万家!这里面有莘莘学子的努力拼搏,万千父母的望子成龙,授业恩师的佳音静候。怎么报考,如何选择大学和专业,是非常重要的事。如愿,学爱结合;或者,带着疑惑,步入大学继续寻找答案。

大学由不同的学科聚合组成,并根据各个学科研究方向的差异,汇聚不同专业的学界英才,具有教书育人、科学研究、服务社会、文化传承等职能。当然,这项探索科学、挑战未知、启迪智慧的事业也期盼无数青年人的加入,吸引着社会各界的关注。

在我国,高中毕业生大都通过高考、双向选择,进入大学的不同专业学习,在校园里开阔眼界,增长知识,提升能力,升华境界。而如何更好地了解大学,认识专业,明晰人生选择,是一个很现实的问题。

为此,我们在社会各界的大力支持下,延请一批由院士领衔、在知名大学工作多年的老师,与我们共同策划、组织编写了"走进大学"丛书。这些老师以科学的角度、专业的眼光、深入浅出的语言,系统化、全景式地阐释和解读了不同学科的学术内涵、专业特点,以及将来的发展方向和社会需求。希望能够以此帮助准备进入大学的同学,让他们满怀信心地再次起航,踏上新的、更高一级的求学之路。同时也为一向关心大学学科建设、关心高教事业发展的读者朋友搭建一个全面涉猎、深入了解的平台。

我们把"走进大学"丛书推荐给大家。

一是即将走进大学,但在专业选择上尚存困惑的高中生朋友。如何选择大学和专业从来都是热门话题,市场上、网络上的各种论述和信息,有些碎片化,有些鸡汤式,难免流于片面,甚至带有功利色彩,真正专业的介绍尚不多见。本丛书的作者来自高校一线，他们给出的专业画像具有权威性，可以更好地为大家服务。

二是已经进入大学学习，但对专业尚未形成系统认知的同学。大学的学习是从基础课开始，逐步转入专业基础课和专业课的。在此过程中，同学对所学专业将逐步加深认识，也可能会伴有一些疑惑甚至苦恼。目前很多大学开设了相关专业的导论课，一般需要一个学期完成，再加上面临的学业规划，例如考研、转专业、辅修某个专业等，都需要对相关专业既有宏观了解又有微观检视。本丛书便于系统地识读专业，有助于针对性更强地规划学习目标。

三是关心大学学科建设、专业发展的读者。他们也许是大学生朋友的亲朋好友，也许是由于某种原因错过心仪大学或者喜爱专业的中老年人。本丛书文风简朴，语言通俗，必将是大家系统了解大学各专业的一个好的选择。

坚持正确的出版导向，多出好的作品，尊重、引导和帮助读者是出版者义不容辞的责任。大连理工大学出版社在做好相关出版服务的基础上，努力拉近高校学者与

读者间的距离，尤其在服务一流大学建设的征程中，我们深刻地认识到，大学出版社一定要组织优秀的作者队伍，用心打造培根铸魂、启智增慧的精品出版物，倾尽心力，服务青年学子，服务社会。

"走进大学"丛书是一次大胆的尝试，也是一个有意义的起点。我们将不断努力，砥砺前行，为美好的明天真挚地付出。希望得到读者朋友的理解和支持。

谢谢大家！

苏克治
2021 年春于大连

序　言

谈及会计学,我们脑海中可能首先浮现的是一系列烦琐的数字和复杂的账本,以及那些需要极度细心和耐心才能完成的算账工作。但作为商业领域的一门重要学科,会计学的内涵其实远不止于此。实际上,会计学是一种文化与价值观融合的"通用商业语言"。

会计学这门学科的诞生是多种因素共同作用的结果。在古代,随着商品经济的发展和贸易活动的兴起,人们开始需要记录交易的货物和货币。这些记录最初可能只是简单的记号和符号,但随着贸易规模的扩大,人们开始使用更为复杂的记录方式,这些记录逐渐发展成会计

的雏形。此后,生产的需要、资源的稀缺性及生产专业化的需求都使得会计成为一种必要的工具,用于记录和管理经济活动。随着时间的推移,会计学逐渐发展成为一门独立的学科,并在现代社会中发挥着越来越重要的作用。

会计不仅仅是一种数字处理的技艺或者严谨的数字游戏,更是一种充满生命力的文化。它如同舞者,在时间的舞台上,以动态发展的价值观,演绎着企业或组织的经济史诗。你看,除了那些金光闪闪的显性物质财富,它还内含着那些与生态文明如影随形的隐性精神财富,它们如同宝藏般静静地等待着我们去发掘。

在这个数字化的狂欢时代,会计更是摇身一变,成为一名网络生态的探险家,带着我们探寻那些隐藏在数据背后的秘密。它不仅是一门"通用商业语言",还是一个能言善道的讲述者,既能讲述企业或组织在价值创造过程中的精彩故事,又能客观地揭示那些关键时刻的财务状况。而在数字化生态与人工智能生态的协同作用下,管理型会计体系就像一座坚固的桥梁,连接着企业组织间的会计机制,引导着会计范式的合理变迁。它让传统的约束机制与激励机制相互交融,共同拓展会计功能的边界,为我们呈现出一种全新的、充满活力的文化价值观念。

会计不仅仅是一门学科,它更像是一门神奇的认知艺术,让我们领略财富获取的真谛。英国作家奥斯卡·王尔德(Oscar Wilde)曾经说过:"人生啊,无非就是两种悲剧,一种是追求不到心头好;另一种呢?就是终于得到了想要的。"前者之悲,容易理解;后者之悲,往往使人困惑。事实上,会计学可以给我们答疑解惑。它告诉我们:"做任何事情都需要花费成本,价值越高的事情成本也越高。"亦即,你所得到的真的是你想要的吗?或者,你为这个目标所付出的代价符合成本效益原则吗?它表明,会计所传递的"认知艺术"是通过增进组织或个人的价值或财富来表达的,是价值创造认知的客观理性框架。因此,有效提升对会计学的认知,积极运用会计技术或工具方法,扎实做好针对理想财富规划、实现路径及成果的确认、计量与信息报告工作,强化人生财富规划,并持之以恒地努力,自然会步入新境地,达成物质与精神财富的目标。正所谓"众里寻他千百度,蓦然回首,那人却在,灯火

阑珊处"。真是既实用又有趣!

但不得不提的是,会计学科建设具有明显的层次关系。一是会计对象及其财富载体具有不一致性;二是会计概念升华为理论知识积累具有多维性;三是会计的认知理念与具体的分析框架具有交融性;四是源自派生知识的会计内涵增量与其他学科之间的外延嵌入具有多样性。正是因为会计学科存在的这些层次关系,我们才需要对会计理论知识和技术方法等进行结构化的改革与完善,让它焕发出新的生机与活力,推动会计学的创新与发展。

《什么是会计学?》是一本从科普角度介绍会计专业知识的书籍,从"远古的以数记事"穿越到"商业语言的形成",围绕着"会计的核算与监督"和"价值观动态发展"的理念转换,再从"助力经济高质量发展"到"会计领域的扩展",由日常生活的会计知识延伸到专业人士的会计技能,搭建了文化与价值观融合的"通用商业语言"认知框架,展现出会计学的价值创造性和财富凝聚力。本书具有知识普及面广与推广价值高等明显特征:一是内容丰富,知识容量大,构建形成了"印象—理念—能力"到"高质量发展—多领域合力—抓住机遇"的会计学内容结构；二是体系完整，传递正能量，聚焦会计的重点与难点，兼顾会计的传统与现代趋势；三是表述生动，可读性强，语言通俗晓畅、节奏明快，使阅者心情愉悦。本书能够帮助广大读者对会计学的价值本质有更清晰的认知，提升对会计学内容的理解，丰富大众的会计学知识结构，积极把握会计的未来趋势和发展机遇，催生出认知层次穿越的重要人生价值和创新文化的积极现实意义。

冯巧根

南京大学商学院教授、博士生导师

2025 年 1 月

前　言

会计学的演进历程,始终与人类文明的进步血脉相连。从大禹"会稽山会诸侯"的上古传说中,我们得以窥见会计作为"核计功德"的原始治理智慧;古埃及纸草书上的谷物记账、古巴比伦泥板上的贸易记录,印证着会计作为经济活动"数字守护者"的古老使命;而现代企业制度下价值管理体系的构建,则标志着会计从朴素的记录工具升维为战略决策的"智囊中枢"。它不仅是数字处理的技艺,更是理解商业文明的基础语言。

每一次技术革命、每一次制度革新、每一次社会价值观念的迭代,都在会计学的发展史上留下深刻烙印,使其成为解读经济社会变迁的"活化石"。

在数字经济浪潮奔涌不息的时代,会计学作为"通用商业语言"的核心价值愈发璀璨。当企业在战略迷宫中寻找方向、政府为公共治理寻求精准度量、资本市场渴求透明高效的信息纽带、社会发展呼唤可持续的价值坐标时,会计学始终以数字为笔、以准则为墨,在经济活动的长卷上勾勒出清晰的轨迹。

《什么是会计学?》正是立足这一宏大背景,试图为读者打开一扇窗——既回望会计学与人类文明共生的历史长河,又展望其在现代商业文明中的多元可能,最终抵达对这门学科本质与使命的深度认知。

愿本书成为一把钥匙,帮助读者打开会计学的大门:当我们谈论会计时,不仅在谈论借贷平衡的技术准则,更在谈论如何通过制度设计守护商业诚信、通过数据洞察推动社会进步。这种兼具工具理性与价值关怀的学科特质,正是其历经千年而不衰的根本原因。

本书由南京航空航天大学耿成轩教授担任主编,仇冬芳副教授、马珩教授担任副主编,张丹妮、成林荫、尹金梅、冯浩南等参与了编写。具体分工为耿成轩承担全书的总策划与章节目录设计,并编写了通用商业语言:会计学初印象;马珩编写了会计学的核心理念;仇冬芳编写了会计学用武之地:助力经济高质量发展;张丹妮编写了会计学专业应用的代表领域;成林荫编写了会计学的专业能力培养;尹金梅编写了会计学的未来发展与就业前景;冯浩南参与了全书的资料搜集和文字整理等工作。

然而,会计学体系庞大且动态演进,加之数字化转型催生诸多新兴领域,书中难免存在疏漏和不当之处,恳请学界同仁与广大读者不吝指正,让会计学的价值在不断的思辨与求索中绽放更璀璨的光芒。

编 者

2025 年 2 月

目 录

通用商业语言：会计学初印象 / 1

会计学的起源——以数记事 / 4

引入——历史上的会计学 / 4

会计学的前世今生 / 5

用数据说话 / 9

会计学的作用——信息供给 / 12

引入——从××公司案例看会计信息 / 12

决策的基础 / 14

会计学的更高要求 / 18

会计学的本质——价值创造 / 20
  引入——会计学与企业资金运作 / 20
  理解会计学的不同角度 / 22
  助推组织实现价值创造 / 25

会计学的核心理念 / 29
 会计的认知前提——主体与客体 / 30
  会计主体——界定会计的空间范围 / 30
  会计客体——明确会计对象 / 33
  主体与客体——相辅相成 / 35
 会计的基本职能——核算与监督 / 36
  《资本论》——会计职能缘起 / 36
  会计的核算职能——厘清资金运动 / 37
  会计的监督职能——保障资金安全 / 38
 会计的卓越追求——分析与决策 / 39
  会计目标——会计的神圣使命 / 39
  会计分析——会计的灵魂 / 41
  会计决策——会计的价值 / 44
 会计的风险意识——谨慎性原则与现代风险导向审计 / 48
  会计信息质量要求——谨慎性原则 / 49

会计信息的防护墙——现代风险导向审计和审计全覆盖 / 51

会计的思政功能——爱国和成才 / 53
社会主义核心价值观——爱国为上、诚信为本 / 54
责任意识——权责发生制的要求 / 55

会计用武之地：助力经济高质量发展 / 57
会计学推动企业多元化创新发展 / 58
会计学激发供应链高效协同合作 / 63
会计学助推社会绿色可持续发展 / 68
会计学赋能资本市场高水平开放 / 73
会计学促进合理分配与共同富裕 / 77

会计专业应用的代表领域 / 83
企业会计——从传统核算到决策支持 / 84
资本市场的发展与统一会计制度的形成 / 85
成本控制如何挽救濒临破产的汽车公司？ / 88
财务管理创新如何赋能家电企业转型升级？ / 90
政府会计——从反映收支到保障治理 / 93
从"政府停摆"看美国的预算会计制度 / 93
英国的"政府统一账户"与政府会计改革 / 96

非营利组织会计——塑造公信力的基石 / 99
  我国慈善组织的财务会计制度日益健全 / 99
  世界各国的慈善组织在反思、监督中不断发展完善 / 102

会计学的专业能力培养 / 106
  德才需兼备——多维复合的素养培育 / 106
  根深以叶茂——系统扎实的基础知识 / 115
  聚流成江海——细分方向的专业教育 / 121
  实践出真知——全面多元的实战训练 / 124

会计学的未来发展与就业前景 / 131
  会计学的未来发展 / 133
  会计学的传统就业方向 / 141
  会计学就业的新机遇 / 146

参考文献 / 154

后　记 / 157

"走进大学"丛书书目 / 160

通用商业语言:会计学初印象

会计是一门艺术。

——沃伦·巴菲特

会计是一门语言,它通过数字和财务报表来传达企业的财务状况和经济活动,这些数字和报表之间的交流和沟通构成了一种特殊的语言系统。这种语言系统具有自己的术语、规则和语法,能够准确地描述和记录企业的财务信息。

我们的日常生活中处处充满着会计学知识,而将会计语言运用到生活中将非常有趣。比如一件好的衣服,对于男生来说是固定资产,但对于一些女生来说则可能

是低值易耗品,一旦"撞衫",回去就要计提资产减值。

会计学,这门独特的商业语言,是连接商业世界各个区域的超级桥梁。它在商业活动中可谓是红极一时的明星,无论你是跨国巨头还是初创小团队,都得靠会计来记录、分析财务数据,为下一步的发展照亮前行的道路。

会计学这门语言,简直就是商业世界里的"通用货币"。它给利益相关方搭建了一个共同的舞台,让大家能在上面畅所欲言。在现代商业大战中,哪个决策不是基于准确、可靠的财务信息呢?投资者想要了解公司的钱包鼓不鼓,债权人想要评估公司还钱的能力强不强,供应商和消费者也得看看公司靠不靠谱。会计,就是把这些复杂的经济活动翻译成简明扼要的数字故事,让大家都能心领神会,增强彼此间的信任和合作。

说到会计,它还有两个超级厉害的特点——标准化和规范化。有了国际会计准则这些"宝典",全球各地的会计实践就有了统一的规矩。这样一来,不同国家的公司就能在财务报告上展开公平竞赛,也让国际投资和跨国交易变得更加便捷和可靠。会计的标准化和规范化让财务信息变得透明,减少了误解和争议,让商业活动更加高效和可信。

而且,会计还是个"照妖镜",能反映出商业实体的经营成果和财务风险。通过会计信息的分析和解读,我们就能洞察公司的赚钱能力、资本运作效率和风险承受能力。有了这些信息,投资者和债权人就能更明智地做出决策,规避风险。同时,会计还能帮助公司了解自身的竞争优势和核心价值,制订战略规划和明确市场定位。

别忘了,会计还是经济管理的得力助手。通过会计系统的"魔法",管理层能随时掌握战略目标的进展情况,识别业务绩效和风险,制定预算和决策。会计不仅能记录过去的辉煌,还能预测未来的趋势和可能性,为公司的战略制定和市场拓展提供强大支持。

所以,会计这门通用商业语言在商业领域可是大放异彩。它连接了商业活动的方方面面,为不同利益相关方提供了交流和理解的桥梁。同时,它的标准化和规范化特点让财务信息更加透明和可靠,提高了商业活动的效率和可信度。深入了解会计的原理和实践对于商业人

士和学生来说都是至关重要的,它将为职业发展和商业决策提供宝贵的技能和洞察力!

本部分将带你领略会计的魅力所在,从它的起源、作用和本质三个方面揭开它的神秘面纱。通过了解会计的起源和发展,你将更加明白它在商业世界中的重要性;通过案例分析和实际应用,你将学会如何运用会计知识解决实际问题;通过概念讲解和思维训练,你将建立起基本的会计概念和思维能力,为未来在商业领域的驰骋打下坚实的基础!

▶▶ 会计学的起源——以数记事

➡➡ 引入——历史上的会计学

"会计"一词最早出自《史记·夏本纪》:"禹会诸侯江南,计功而崩,因葬焉,命曰会稽。会稽者,会计也。"大禹晚年在绍兴的苗山上大会诸侯,稽核他们的功德,这个行动称为会稽(会计)。

子曰："会计，当而已矣。"孔子是我国儒家学派的创始人，不仅在政治、文化、教育等方面对后世有着深刻的影响，而且他的经济思想对后世也有深刻的影响。孔子曾经做过管理库房的小吏，他说："算账计数必须要准确才行啊！"这一财务认知是他从事微观经济活动，也就是当小会计中领悟出来的。从经济活动的主体内部来分析，对于经济事项，会计要判断恰当，透过现象看本质，才能去伪存真，处理得当，使所有者的财产不受损失。当收则收，不能多收也不能少收；当用则用，不能多用也不能少用，也就是孔子说的"当而已矣"。

➡➡ 会计学的前世今生

✥✥ 会计学的发展脉络

人类社会从早期阶段逐渐过渡到农耕社会，随着生产能力的增强，经济管理要求的提高，对于复杂的社会经济活动，就必须要有清晰的记录和核算，这就是会计的起源。

最早的会计实践可以追溯到古代的文明，尤其是古

埃及和古巴比伦。古埃及的官员使用记账方法记录农作物的收获和分配情况,而古巴比伦的商人则使用记账方式来跟踪商业交易。

随着市场经济的发展和国际贸易的增加,会计开始成为商业活动不可或缺的一部分。在古希腊和古罗马时期,商业人士开始使用简单的记账系统来记录交易和追踪资金流动,这些系统为后来会计方法的发展奠定了基础。

15世纪,随着欧洲商业活动的繁荣和资本主义的萌芽,会计发展史出现了一个里程碑——复式记账法,它至今仍在被广泛使用。这大大提升了会计记录的准确性,对于生产要素和产品的流动和耗费能够提供清晰的记录,为管理、监督和分析打下了坚实的基础。反过来,复式记账法也促进了资本主义和商品经济的发展。

18世纪,工业革命的兴起推动了工商业的发展,企业规模扩大,需要更加复杂和详细的会计记录。此时,会计开始从简单的单项记录发展为双项记录系统,同时出现了现代会计的一些基本原则和概念。

19—20世纪,随着工商业的进一步发展和全球贸易的增加,对会计的专业化需求日益增长。会计师开始成为独立的职业群体,会计准则和规范也开始出现。其中,英国等地会计师协会的成立和发展推动了会计原则的制定和会计准则的推广,其中英格兰及威尔士特许会计师协会等组织在制定会计原则方面发挥了重要作用,为后来国际上会计准则的形成和发展奠定了基础。

全球经济一体化不断加深,国际贸易和投资也持续增加,对全球统一的会计规则的需求越来越迫切。国际会计准则委员会(International Accounting Standards Committee,IASC)于1973年成立,后来发展为国际会计准则理事会(International Accounting Standards Board,IASB),该机构制定并推广国际财务报告准则(International Financial Reporting Standards,IFRS)。IFRS已经成为全球范围内公认的会计准则,被广泛应用于许多国家的财务报告中。

在每个时期,会计都在不断适应和满足商业环境的需要。从最早的简单记账,到现代复杂的会计体系和标

准,会计在促进商业发展和提供准确财务信息等方面发挥着重要的作用。其发展历程也为今天的会计理论和实践提供了宝贵的经验和基础。

✢✢ 我国会计学的发展

我国在改革开放初期,一直积极推进会计改革和会计制度的建设。2006年2月15日,财政部发布了我国的《企业会计准则》,并于2007年1月1日起首先在上市公司范围内施行,之后逐步扩大到所有大中型企业。该准则是我国会计发展史上的重大里程碑,至今仍发挥着十分重要的作用。

2011年10月18日,财政部又发布了《小企业会计准则》,并于2013年1月1日起在所有适用的小企业范围内施行。该企业准则的发布,标志着我国涵盖所有企业的会计准则体系的建成,对我国的经济发展产生了深远影响。

同时,中国的会计职业教育和培训体系也在不断完善。各类高等院校设立了会计专业,培养了大量的会计人才。同时，专业会计师制度和注册会计师制度的建立和完善，提高了会计人员的职业素质和专业能力。中国企业越来越注重企业社会责任的履行。越来越多的企业开始编制企业社会责任报告，向社会公开披露企业的环境、社会和治理等方面的信息。这为会计专业提供了新的发展机遇和挑战，需要会计人员具备更加全面和系统的能力。

时至今日，中国的会计发展在法律法规、会计准则、职业教育和信息技术等方面都取得了显著进展。然而，也面临着一些挑战，如会计信息透明度不足、会计监管的有效性不充分等。未来，中国会计发展仍需要持续不断地推动和改进，以适应经济发展的需求，提升会计职业的质量和价值。

➡➡ 用数据说话

所谓会计，就是把企业各种有用的经济业务统一成以货币为计量单位，通过记账、算账、报账等一系列程序来提供反映企业财务状况和经营成果的经济信息。它的核心在于以数计事，即通过数字的方式将财务活动可视

化,并提供决策依据。那么会计是如何体现以数计事的呢?

会计,这个充满智慧与艺术的职业,自古以来便承载着记录与展示财务信息的重任。它源于古代财务记录的智慧,从最初的算筹、算盘,逐步发展至如今的会计账簿、智能记账系统,每一步都凝聚着会计人的智慧与努力。他们用数字的魔力,准确、系统地记录下每一次经济活动,为商业实体的决策和管理提供了坚实的数据基石。

会计如同数字的舞者,在财务数据的舞台上舞动。他们搜集组织的财务信息,无论是收入、支出,还是资产、负债,每一笔数据都逃不出他们的法眼。他们运用各种神奇的工具,如会计记录簿、电子表格和会计软件,将这些数据精准地记录下来,并按照一定的规则进行分类和编制。他们如同给数据穿上漂亮的衣服,让财务数据变得井井有条,一目了然。

然而,会计的工作远不止于此。他们还会对财务数据进行深入的分类和登记,确保每一笔数据都有其独特的归宿。他们如同建筑师般精心构建财务数据的殿堂,将收入、支出和资产分别归入不同的账户，确保数据的准确性和完整性。同时，他们还会根据准则和规定，对这些数据进行登记和核算，让财务数据更加规范、准确。

除了记录和分类，会计还会定期对账户中的财务数据进行汇总和总结。他们如同厨师般精心烹制财务报表，如资产负债表、利润表和现金流量表等，让利益相关方能够清晰地了解组织的财务状况和经营情况。这些报表如同财务的晴雨表，为组织管理者和利益相关方提供了决策的依据和指导。

此外，会计还是财务信息的报告者和沟通者。他们负责编制和呈现财务报表，向内部管理者、股东、投资者、债权人等各方报告组织的财务状况和经营成果。他们不仅要准确传达财务信息，还要解答利益相关方的疑问和关注，进行有效的沟通和交流。在他们的努力下，财务信息变得更加易于理解和利用，为组织的稳健发展提供了有力的支持。

同时，会计还承担着监督和控制财务活动的重要职责。他们如同守护者般守护着财务数据的准确性和完整

性，防止财务数据的误导性报告和杜绝欺诈行为。他们与审计人员紧密合作，进行内部审计和外部审计，确保财务信息符合法规和规定，为组织的健康发展保驾护航。

总的来说，会计以数字为核心，通过收集、分类、登记、汇总、分析和报告财务数据，展现了以数计事的初心和魅力。他们的工作不仅仅是记录和汇总数据，更是将财务数据转化为有意义的信息，为决策提供可靠的依据。他们是商业世界的智者和守护者，为组织的发展提供了坚实的财务支撑。在未来的发展中，会计职业将继续发挥其在财务管理和决策支持中的重要作用，为商业世界的繁荣和发展贡献自己的力量。

▶▶ 会计学的作用——信息供给

➡➡ 引入——从××公司案例看会计信息

××公司是一家制造业企业，主要生产电子产品。该公司有众多产品线，包括智能手机、平板电脑和智能手表等。在财务报告期间,公司需要对各种财务信息进行记录和披露。

该公司在核算产品成本时,发现生产智能手机的某一关键零部件的成本出现了显著变化。这个零部件占智能手机生产成本的30%,其采购价格在本季度上涨了20%。由于该零部件成本对智能手机的利润影响重大,根据重要性原则,公司在财务报表附注中详细披露了这一成本变化的原因(主要是原材料市场供应紧张导致价格上涨)、对智能手机产品成本的具体影响金额,以及公司预计采取的应对措施。相比之下,公司生产平板电脑的一种辅助材料成本下降了5%,但由于这种辅助材料占平板电脑成本的比例不到1%,且对平板电脑的售价和利润影响极小,公司就没有在财务报表附注中单独披露这一信息。

同时,该公司对其存货进行定期盘点和减值测试。公司发现,市场上出现了一款具有颠覆性技术的新型智能手机,导致公司库存的某一款老式智能手机的市场价值大幅下降。这批库存智能手机的账面价值为500万

元,预计可变现净值仅为 300 万元。考虑到存货跌价损失金额较大,对公司的财务状况和经营成果有重要影响,公司按照会计准则的要求,在资产负债表中对存货进行了减值处理,同时在利润表中确认了 200 万元的存货跌价损失,并在财务报表附注中详细说明了存货减值的原因、涉及的产品型号和数量等信息。

在这个案例中,该公司根据会计信息重要性原则,对那些会对财务报表使用者的决策产生重大影响的信息(如关键零部件成本大幅变化、大额存货减值等)进行了详细的记录、处理和披露,而对于那些对财务报表整体影响较小的信息(如辅助材料成本小幅度变化、小额办公用品减值等)则采取了相对简单的处理方式。这样既保证了财务信息的重点突出,能够为使用者提供有价值的决策依据,又避免了信息过载,提高了财务报告的效率和有用性。

➡➡ **决策的基础**

会计的使命是向内外部利益相关方提供准确、及时和可靠的财务信息。内部利益相关方包括组织的管理层和内部决策层,而外部利益相关方则包括投资者、债权人、供应商、客户和政府机构等。通过编制财务报表和财务分析报告,会计师可以清晰地反映组织的财务状况、经营成果和现金流量,帮助利益相关方深入了解组织的经济实力和运营状况,从而支持他们的投资、融资和决策行为。

会计,这名默默无闻的信息使者,犹如一名技艺高超的画家,用其独特的笔触和色彩,将企业的财务轨迹绘制成一幅幅生动的画卷。会计不仅记录着企业的每一笔交易、每一项成本,还巧妙地将这些看似枯燥的数据转化为富有洞察力的信息,为企业的决策提供有力的支持。

在企业的日常运营中,会计发挥着至关重要的作用。会计如同一名细心的侦探,深入挖掘每一笔交易的背后故事,探寻成本结构的秘密,从而为企业揭示出业务运作的真实面貌。通过会计的记录和分析,企业能够更清晰地了解自身的财务状况,包括收入、支出、利润等关键指标,进而制订出更加精准的战略计划。

此外,会计还是一座连接内外的桥梁,促进内外部经

济活动的稳定和发展。它让投资者、债权人、供应商、客户和政府机构等外部伙伴能够更好地了解组织,增强信任,促进合作。同时,政府机构也可以依据会计信息进行税收管理、监管和宏观经济政策制定,为整个社会的经济繁荣贡献力量。

想象一下,会计就像一名大厨,精心烹制着财务报表这道大餐。资产负债表、利润表、现金流量表和所有者权益变动表,这些色香味俱全的菜品,让人垂涎三尺。内部的小伙伴们,如管理层和所有者,可以品尝这些美味佳肴,洞察组织的财务状况和营利能力,从而做出明智的决策和制定战略。

而外部的朋友们,如投资者、债权人、供应商、客户和政府机构等,则可以通过品尝这些报表大餐,评估组织的健康状况和经营绩效。他们可以根据这些信息,决定投资、提供信用及与企业合作或监管企业,让市场更加活跃和繁荣。

会计这名大厨还擅长为内部管理提供定制化的决策支持。无论是预算编制、成本控制、绩效评估还是投资决策,会计都能提供精准的数据和建议。管理层可以依据这些信息,权衡不同方案的利弊,做出科学的决策。

同时,会计还是一名严格的监督者,确保组织的财务运作规范透明。它的记录和报告如同一面镜子,反映出组织的真实面貌。监事会、董事会、审计委员会等内部治理机构,可以依据会计提供的详细、准确的财务信息,对组织的运营状况进行全面而深入的了解。这些机构通过对比、分析财务数据,可以及时发现潜在的风险和问题,从而采取相应的措施进行纠正和预防。在现代企业中,随着市场竞争的加剧和法规的不断完善,会计的监督职能愈发凸显出其重要性。通过会计的严格监督,企业可以及时发现并解决潜在问题,确保组织在法律、税收和道德规范的轨道上稳健前行。

总之,会计这名神奇的信息使者,以其准确性、及时性、可靠性和透明度的信息供给作用,为各方利益相关方提供了宝贵的决策依据。会计让经济活动更加高效、稳定和可持续,推动着社会不断向前发展。

➡➡ 会计学的更高要求

随着全球经济的深度融合、信息技术的突飞猛进，以及金融体系的日益健全，新时代的会计领域正面临着层出不穷的新挑战与新机遇。而推动国家治理体系和治理能力现代化，已然成为我们现代财政制度发展的重要里程碑。把会计巧妙地融入国家治理中，这无疑是新时代赋予会计人的更高使命和荣耀。

如今的会计，首要任务就是手握"准确、可靠"这把金钥匙，为大家打开财务信息的大门。资产、负债、收入、支出等一应俱全，不仅为内部管理者提供决策明灯，还为外部的利益相关方如投资者、债权人、供应商、客户和政府机构等指明方向。随着全球化浪潮的汹涌澎湃和市场环境的错综复杂，大家对财务信息的需求如同潮水般上涨，对财务报告的准确性和可比性提出了更为严苛的要求。会计要精心打磨会计准则，加强内部控制和审计机制，让财务披露更加透明，从而打造出高质量的财务报告，为市场有效运行注入强心剂，让投资者信心满满。

此外，会计还要为财务报告的透明度和诚信度保驾护航。会计要时刻紧绷专业道德这根弦，不断提升财务报告的品质，让财务欺诈和不当行为无处遁形。

会计信息不仅是对外展示的亮丽名片，更是企业内部管理的得力助手。在经济高速发展的今天，组织需要依靠精准的财务数据来定位战略、管理运营、控制风险。会计要化身企业管理者的智囊团，提供深入的财务分析和预测，助力他们运筹帷幄、决胜千里。同时，随着可持续发展理念深入人心，会计还要肩负起促进企业绿色发展的重任——要考虑经济、社会和环境等多重因素，为企业量身打造可持续性报告和咨询方案，助力企业实现经济、社会和环境的和谐共生。

作为社会的守护者，会计还要肩负起维护公共利益、保障经济稳定和公平公正的神圣使命。会计通过审核、监管和合规等手段，确保企业遵纪守法，为会计行业的繁荣发展添砖加瓦。

在新时代的浪潮中，会计的使命也在不断升级。随着信息技术的日新月异和数字化浪潮的席卷而来，会计领域正经历着前所未有的变革。新时代会计要紧跟时代

步伐,拥抱大数据、人工智能、区块链等先进技术,让数据管理和分析更加高效精准。通过实现数字化财务管理和业务流程的自动化,会计为组织提供更加智能化、实时化的服务,推动组织在创新的道路上阔步前行。

总而言之,当前会计的使命既包括了提供精准的财务信息、支持企业决策,又涵盖了保障财务报告的透明度和诚信度、促进企业的可持续发展及维护公共利益和承担社会责任。在时代的洪流中,会计的使命将不断焕发出新的生机与活力,迎接新的挑战和机遇。

▶▶ 会计学的本质——价值创造

➡➡ 引入——会计学与企业资金运作

资金运作又称资金经营,是指利用市场法则,通过资本本身的技巧性运作或资本的科学运动,实现价值增值、效益增长的一种经营方式(图1)。简言之就是利用资金市场,以小变大、以无生有的诀窍和手段,通过买卖企业和资产而营利的经营活动。一般可分为筹资、投资和分配三个阶段。

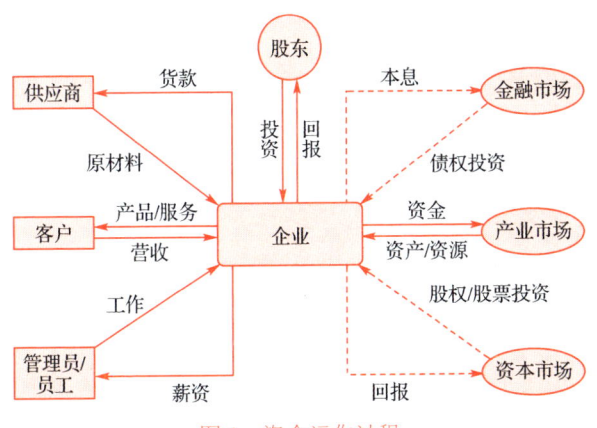

图 1 资金运作过程

会计在企业资金运作中扮演着重要角色,通过监控和管理资金流动、参与资本结构和融资决策、评估投资项目、管理资产、控制财务风险、分配资金与管理利润等方式,为企业保障财务安全、优化资金利用、推动业务发展,创造价值并实现可持续增长。具体来说:

对筹资而言:一方面,会计可以为企业提供分析和建议,帮助企业决定使用债务还是股权融资,以达到最佳的

资本结构。另一方面,会计可以通过分析成本资本和资本结构,帮助企业管理资本成本,确保最小化财务成本。

对投资而言:会计可以帮助企业评估投资项目的潜在收益和风险,包括财务分析、预测和投资回报率计算。会计也可以监督和优化企业资产的利用效率,包括固定资产管理、库存管理和资产折旧。

对分配而言:会计参与决策和执行资金的分配和利润管理,确保资金和利润合理分配到不同的部门和项目,最大化股东价值。会计负责制定资金分配政策和程序,监督资金使用情况,及时发现和解决资金分配中的问题和风险。

➡➡ 理解会计学的不同角度

关于会计本质,学术界存在多种不同的观点和理论。

信息处理观:信息处理观认为会计的本质在于提供和处理信息。根据这一观点,会计的主要任务是收集、分类、记录和报告与企业经济活动相关的信息,以便为管理者、投资者、债权人和其他利益相关方提供决策所需的财务信息。会计作为一种信息系统,通过会计准则和规范来准确衡量和报告经济活动,从而促进经济主体的资源配置和合理决策。

资产计量观:资产计量观认为会计的本质在于对组织经济实体的资产进行计量。根据这一观点,会计的核心在于衡量和报告组织的资产价值,即通过会计准则和方法对资产进行估值和确认。资产计量观强调会计的主要任务是提供准确和可靠的财务报表,反映组织经济实体的真实财务状况和业绩,为用户提供有关组织资产价值和变动的信息。

决策有用性观:决策有用性观认为会计的本质在于提供对决策有用的信息。根据这一观点,会计的目标是为用户提供对组织经营和财务状况做出决策有用的信息。会计应该关注用户的需求,提供具有可理解性、可比性和预测性的信息,帮助用户进行投资决策、信贷决策、策略决策等,促进资源的有效配置和经济的稳定发展。

受托责任观:财务报告用于组织委托人评价受托人的经营管理活动,此时财务报告的目标被定义为"如实反

映和报告企业受托人的受托经济责任和履行情况",强调财务信息的实证价值。会计质量方面偏向于信息的可靠性和客观性;会计确认方面主要对已发生的经济事项进行确认;会计计量方面采取具有可验证性的历史成本法;列报方面更关注企业经营业绩的计量而不是经济资源的计量。

社会公益观:社会公益观认为会计的本质在于履行社会责任和维护公共利益。根据这一观点,会计具有社会科学属性,旨在提供公正和透明的财务信息,维护市场秩序和社会公平。会计应该注重社会责任和职业道德,以公益为导向,遵守会计准则和规范,防止欺诈行为,保护利益相关方的权益,促进社会经济的可持续发展。

经济活动记录观:经济活动记录观认为会计的本质在于记录和反映经济活动。根据这一观点,会计的主要任务是将企业的经济交易和事项记录下来,并以逻辑和系统的方式反映在财务报表中。会计作为一种语言,通过会计凭证和账簿等记录方式,记录和呈现经济活动的发生、变化和影响,为企业管理和决策提供必要的资料和依据。

关于会计本质存在多种观点,包括信息处理观、资产计量观、决策有用性观、受托责任观、社会公益观和经济活动记录观等。这些观点从不同的角度对会计的定位和功能进行描述,反映了会计在经济社会中的多重角色和使命。无论是哪种观点,会计的本质都与提供准确、可靠、有用的财务信息,推动有效的决策和资源配置,促进组织和社会的可持续发展密切相关。

➡➡ **助推组织实现价值创造**

会计的本质在于价值创造。会计不仅是对财务数据的记录和汇总,更重要的是对组织财务数据价值链的衡量和评估(图2)。会计师通过分析和计量组织经济活动

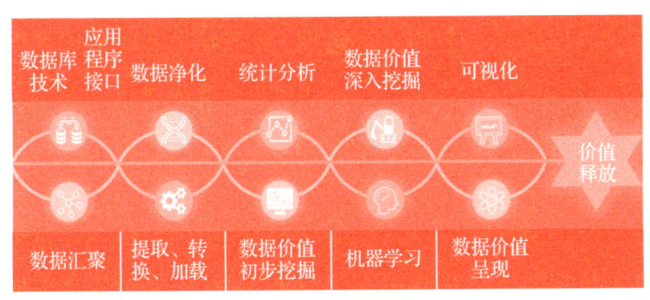

图2 财务数据价值链

的财务影响，评价组织的营利能力、资本运作效率和风险承受能力等方面的指标，为组织的价值创造和增长提供指导。会计信息的价值不仅局限于过去的经营表现，更具有未来预测和战略规划的功能，帮助组织把握市场机遇，优化资源配置，实现可持续发展。

会计，这位组织中不可或缺的小能手，可是个价值创造的高手。它凭借着一手绝活——有效记录、报告和解释财务信息，给组织管理者献上了一份评估业务绩效、制定决策及实现增长和可持续发展的秘籍。那么，会计这个小高手究竟是如何施展它的魔法，创造无限价值的呢？

首先，会计是个记录达人，能够准确无误地追踪和记录组织的财务信息。它像是个细心的侦探，搜集、分类并登记各项经济业务的点滴数据，确保每一笔账都清晰明了，准确无误。这样一来，组织管理者就能轻松掌握财务状况和经营绩效的真实情况啦！

其次，会计还是个分析高手，擅长对财务报表进行深入剖析和解读。它运用专业的眼光，对财务报表进行比较、分析和解释，帮助组织管理者识别出财务状况、营利能力和偿债能力等关键指标。这些分析结果就像是一盏明灯,指引着组织管理者走向正确的决策方向,让组织的价值创造能力更上一层楼!

不仅如此,会计还是个预算能手,擅长协助组织管理者制定预算和控制成本。它根据历史财务数据,为组织管理者提供预算制定的参考建议,帮助其合理规划资源分配和业务目标。通过预算制定和成本控制,会计帮助组织实现资源优化,提高效率和生产力,从而达成价值创造的目标。

此外,会计还是组织投资决策和经营策略的好帮手。它通过对投资项目的财务分析和评估,为组织管理者提供风险、回报和价值潜力的参考意见。同时,会计还能评估经营策略的财务影响,确保这些策略能够为组织带来可持续的价值创造。

最后,会计还是个守规矩的好孩子,始终坚守合规性和透明度的原则。它严格遵守国际会计准则和财务报告要求,确保组织财务信息的合规性和透明度。这样一来,组织就能赢得利益相关方的信任和支持,提高声誉与提

升形象,增强投资者的信心,并降低融资成本。

总之,会计这个小高手通过准确记录、财务分析、预算控制、投资决策支持和合规性保障等方面的工作,为组织的价值创造提供了强大的支持。它是组织管理者的得力助手,助力组织实现增长和可持续发展的梦想!

会计学的核心理念

业精于勤而荒于嬉,行成于思而毁于随。

——韩愈

会计的前世今生告诉我们,一部人类发展史就是一部人类理财(会计)发展史,正如我国北宋著名的思想家、政治家、文学家、改革家王安石所说:"一部《周礼》,理财居其半。"可以说会计的恒久魅力和时代价值就在于它的理念,会计的核心理念包括会计的认知前提、基本职能、卓越追求、风险意识及思政功能;通过增强这些方面的理解,读者能更好地认识到会计的重要性,以及其在组织中的作用。

▶▶ 会计的认知前提——主体与客体

会计作为一种通用的商业语言,是了解企业经济活动、评价企业财务状况与经营成果的重要信息来源;深入了解会计,首先要知道会计的主体与客体是什么。

➡➡ 会计主体——界定会计的空间范围

会计主体是对交易或事项进行会计确认、计量和报告的空间范围界定,是指会计工作服务的特定单位或组织。会计主体是财务信息的主要生成者和使用者,承担着记账、报表编制和财务分析等核心职责,它既可以是追求营利的企业,也可以是非营利性的政府机关或其他组织;既可以是单个企业,也可以是若干个企业组织起来的集团公司,既可以是法人,也可以是不具备法人资格的实体。无论是哪种形式的会计主体,都要按照会计原则和法规进行财务记录和报告,应当具备独立意识、主动性和责任心,确保财务信息的准确性和可靠性。

会计主体有别于法律主体,它们并不是同一概念。

一般来说,凡拥有独立的资金管理、自主经营、独立核算收支和盈亏并编制报表的企业或单位就可以成为会计主体。但是,法律主体的要求就比较严格,法律主体是法律关系的参加者,并不是所有的组织和单位都能成为法律主体,只有在法律上具有独立人格(享有权利或承担义务的)的组织才能成为法律主体,即只有法人组织才能成为法律主体。一般而言,法律主体必然是会计主体,但会计主体并不一定就是法律主体。例如,不独立承担法律责任的分公司不是法律主体,但它可以作为一个单独的会计主体进行会计核算。而子公司在法律上具有独立的法人资格,能够以自己独立的财产承担法律责任,因此子公司既是会计主体,也是法律主体。

谈到会计主体,不可避免地联系到会计的四大假设,像物理学假设、经济学假设等其他学科的研究,会计假设(会计核算的基本前提)是为了给会计核算提供一个稳定的基础,确保会计信息的一致性和可比性,是企业对交易或事项进行会计确认计量和报告的必要前提,是对会计核算所处的空间范围、时间范围、基本程序和计量单位等做出的合理设定;会计的四大假设包括会计主体假设、会

计分期假设、持续经营假设和货币计量假设；会计主体假设界定了会计所要处理的各项交易或事项的空间范围，会计分期假设和持续经营假设明确了会计所要处理的各项交易或事项的时间范围，货币计量假设则为会计核算统一了会计计量的基本单位，便于进行财务信息的汇总和对比分析(图3)。

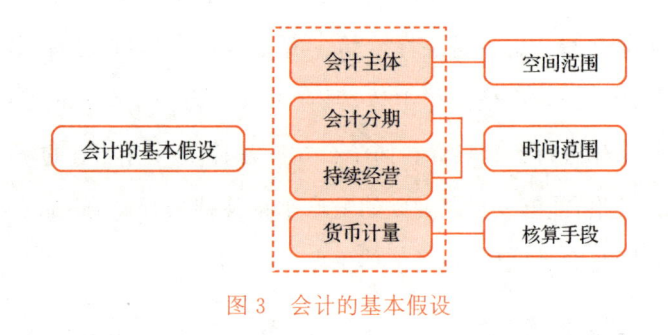

图3 会计的基本假设

当然，会计假设也不是一成不变的，会随着经济环境的变化而不断修正。例如，在通货膨胀时代，对币值稳定的假设被否定，产生了物价变动会计或现时成本会计；在信息时代，会计主体假设的外延被扩展，对清算会计的运用逐渐增加。例如，在企业正在进行破产清算的时候，就不再满足持续经营的假设。因此，会计假设在不断地适应和反映经济环境的变化。

➡➡ 会计客体——明确会计对象

会计客体是指会计核算和监督的内容,即会计对象,具体是指会计主体在生产和再生产过程中能以货币表现的经济活动,即资金运动或价值运动。

对企业而言,资金运动是其经营资金的运动。经营资金是指企业各种财产物资的货币表现。随着企业经营活动的进行,这些资金相应地会发生价值及形态上的变化。当资金被用于生产经营活动时,会产生资金的消耗,例如,企业用筹集的资金购买材料、设备,支付员工薪酬等,会引起企业资金的减少;而在有些情况下,企业的资金在消耗之后会形成新的资产,例如,生产企业将生产的产品对外销售,或对外提供劳务收回现金等,会引起企业资金的增加。事实上,对于持续经营的企业来说,资金总是处在不断运动和变化之中。在会计上一般把交易或事项的发生所引起的资金增减变动称为资金运动(图4)。

在实际工作中,会计作为专门从事信息服务的活动,

其核心工作就是通过确认、计量、记录和报告等手段来提供会计信息。会计信息所反映的是会计主体的经济活动的过程、结果。

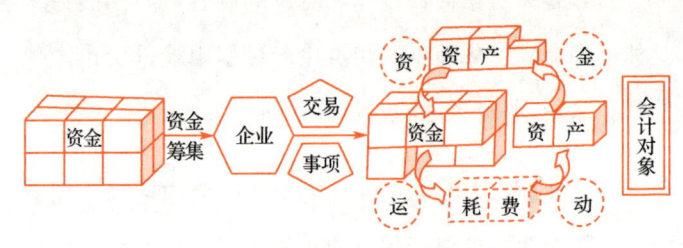

图4 会计对象的基本内容

会计信息有狭义与广义之分。狭义的会计信息是指某一会计主体（如某一企业）所提供的财务状况、经营成果和现金流量等方面的信息。这类会计信息是由会计人员通过编制有关会计报表，如资产负债表、利润表和现金流量表等对外提供的会计信息。广义的会计信息除上述信息，还包括处于加工整理过程中的会计信息，如在会计记录环节生成的、呈现于会计凭证和会计账簿等载体中的信息等。

➡➡ 主体与客体——相辅相成

会计主体与客体之间存在着密切的关系。会计主体通过对会计客体进行记账和报告，形成了对其财务状况和经营活动的全面记录和呈现。会计主体与客体的关系是相互依存的。会计主体不能离开客体，否则就无法进行任何记账和报告。同样地，会计客体也需要会计主体的记录和报告，以便对其进行管理和决策。

会计主体与客体的关系还体现了财务信息的流动性和追溯性。会计主体通过对客体的记录，将财务信息从源头梳理到最终报告，形成了一个完整的财务信息链条。这种流动性和追溯性有助于内、外部利益相关方对财务状况和经营活动进行评价和监督。

总体来说，会计主体和客体是会计学中非常重要的概念，它们之间的关系决定了会计的基本框架和原则，为财务管理和决策提供了重要的信息基础。只有理解和把握好会计主体与客体之间的关系，才能更好地应用会计知识和技术，为企业、组织或个人创造更多的经济价值和效益。

▶▶ 会计的基本职能——核算与监督

会计在经济管理活动中有诸多功能，如核算、监督、预测、决策、分析等，其中最基本的两个职能是核算与监督。具体地说，会计主要是通过核算和监督两种基本职能来对经济活动进行管理的。

➡➡《资本论》——会计职能缘起

会计基本职能的理论依据源于马克思在《资本论》中关于簿记职能的论述："过程越是按照社会的规模进行，越是失去纯粹个人的性质，作为对过程的控制和观念总结的簿记就越是必要。"即记的"观念总结"（核算）和"过程控制"（监督）职能。也有人将马克思关于簿记的两种职能理解为"反映"与"控制"。随着会计的发展，会计的职能也在不断强化，具备了进行经济预测和参与经济决策等新的职能，这些职能是会计基本职能的延伸和发展。会计的职能，如图 5 所示。

图 5　会计的职能

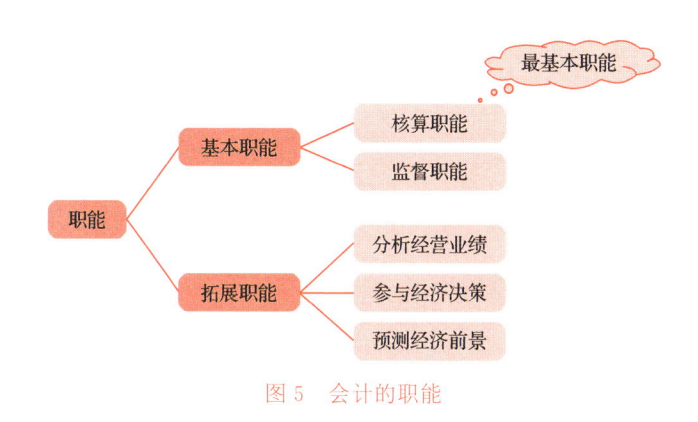

➡➡ 会计的核算职能——厘清资金运动

会计的核算职能,又称会计的反映职能,是指通过会计特有的逻辑和程序,以货币为计量单位,运用一系列专门方法,对企业在经济活动中发生的交易或事项在确认和计量的基础上所进行的记录和报告,即通常所说的记账、算账和报账。

这一职能具有三个主要特点。

- 会计核算主要以货币为计量尺度,综合反映企业的经济活动。

- 会计核算是指对企业实际发生的经济业务进行核算。

- 会计核算具有完整性、连续性和系统性。

➡➡ 会计的监督职能——保障资金安全

会计的监督职能,又称会计的控制职能,是指会计在处理交易或事项的过程中,对特定主体的经济活动和相关会计核算的真实性、合法性及有效性等所进行的审核。这一职能涉及对交易的合法性和合理性进行全面监督,贯穿于交易和业务的全过程之中,包括事前监督、事中监督和事后监督。同时,它还需要对会计核算的恰当性和准确性进行监督。

在上述两项基本职能中,核算职能是会计的最基本职能,监督职能是使会计核算能够符合一定质量要求,进而实现会计目标的重要保证。

▶▶ 会计的卓越追求——分析与决策

➡➡ 会计目标——会计的神圣使命

我国《企业会计准则》中对会计核算的目标做了明确规定:会计的目标是向财务会计报告使用者提供与企业财务状况、经营成果和现金流量等有关的会计信息,反映企业管理层受托责任履行情况,有助于财务会计报告使用者做出经济决策。对会计目标的规定同时满足了现代会计阶段学术界关于会计目标的两种代表性观点,即受托责任观和决策有用观。

❖❖ 受托责任观

受托责任观认为,作为委托方的投资者和债权人等是企业资源的提供者,企业的经营管理层作为资源管理的委托方接受投资者和债权人等的委托,既应承担有效管理和运用受托资源,并促使其保值、增值的责任,也应承担如实向委托方报告受托责任的履行过程及其结果的义务,以便于投资者和债权人等对企业管理层的经营业绩进行考核。此外,资源受托方的企业管理也负有重要

的社会责任,如保持企业社区的良好环境、培养人力资源等。

✥✥ 决策有用观

决策有用观认为,企业财务会计的目标就是向会计信息的使用者提供与其进行经济决策相关的信息,主要包括企业财务状况、现金流量等方面的财务信息。其目的在于帮助投资者和债权人等做出投资、贷款等经济决策。进行投资决策是投资者权衡利弊,并最终决定将手中持有的资金具体投向哪一个企业的过程。在这一过程中,企业提供给投资者的财务状况和经营成果等信息是投资者做出投资决策的重要参考依据;同理,企业提供给债权人的相关信息也是债权人做出贷款决策的重要参考依据。(图6)

我国现行《企业会计准则》中关于企业会计目标的规定全面体现了以上两种观点,并且采取了将受托责任观排列在先、决策有用观排列在后的做法,体现了在社会主义市场经济的新环境下对我国企业财务会计目标的基本要求,可见会计不仅仅是一种记录和报告财务信息的工

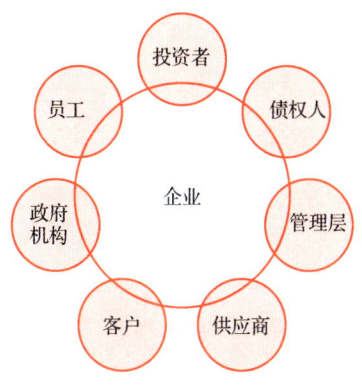

图6 企业与利益相关方

具,还致力于在信息使用者进行分析和决策的过程中发挥的重要参考借鉴意义,更是支持管理层做出明智决策的重要基础。

会计的卓越追求在于其在利益相关方进行财务数据分析和投资决策过程中发挥的重要作用,它不仅仅是一种记录和报告财务信息的工具,更是支持决策者做出明智经济决策的重要基础。

➡➡ **会计分析——会计的灵魂**

会计分析是会计核算活动的一种重要的"后续工

作",也可以算作一种重要的会计方面活动内容。也正因如此,准确的会计分析活动能够最大限度地保证会计职能有效发挥,并提高企业财务管理水平,最终提高企业获得的经济效益。

对财务信息进行分析,可以揭示企业的财务健康状况和经营绩效。通过利用会计报表中的各种财务指标和比率,如利润率、资产回报率、财务杠杆等,信息使用者可以更好地了解企业的营利能力、偿债能力、运营效率等方面的表现,从而为未来的决策提供重要参考。

在财务分析中,有一系列的工具和方法可以被用来评估公司的财务状况、经营绩效和未来前景。这里介绍几种常用的分析工具与方法。

✦✦ 垂直分析

垂直分析是一种将财务数据进行相对比较的方法。它通过将各个项目与公司资产负债表或利润表中的总和进行对比,以了解各个项目的相对重要性和变化趋势。例如,通过比较每项成本在总成本中所占的比例,公司可以确定哪些成本项可能需要进一步调整。

✥✥ 横向分析

横向分析是一种将财务数据进行时间上的比较的方法。它通过比较不同会计期间的数据，以揭示企业在一段时间内的经营状况和发展趋势。例如，通过比较两个年度的销售收入，可以确定企业销售收入的增长率，从而判断企业的运营状况。

✥✥ 比率分析

比率分析是一种通过计算各种财务比率来评估公司财务状况的方法。财务比率可以分为四大类：偿债能力比率、营运能力比率、营利能力比率和发展能力比率。比率分析可以帮助决策者了解企业在流动性、利润能力、运营效率和市场评价等方面的表现，并对其进行比较和评估。

✥✥ 现金流量分析

现金流量分析是评估企业现金流动情况的方法。通过对现金流量表进行分析可以了解企业的现金收入和现

金支出情况,发现现金流量的问题和潜在风险。这种方法可以帮助决策者评估企业的偿债能力和现金管理状况,以及哪些项目可能对企业现金流量产生积极或负面的影响。

✤✤ 杜邦分析

杜邦分析是一种将财务比率结合起来评估公司综合经营绩效的方法。通过计算净资产收益率,可以分解为净利润率、资产周转率和资本杠杆比率。这种方法可以帮助决策者了解公司综合经营绩效的主要驱动因素,从而更好地制定战略和经营决策。

➡➡ 会计决策——会计的价值

根据决策有用观,会计目标之一就是向会计信息的使用者提供与其做出经济决策相关的信息。在会计中,决策是指基于财务信息和数据分析,做出关于企业的经济活动、资源分配和业务运营等方面的选择和决策的过程。管理层可以根据分析结果做出各种战略性、运营性和投资性决策,如产品定价、成本控制、投资项目评估等。

会计信息对于管理者做出决策具有重要的指导作用,其主要包括以下几个方面:

✜✜ 经营决策

会计信息可以为管理者提供了解企业经营状况和业绩表现的依据。在经营策略制定、市场扩张、产品定价、成本降低等方面,会计信息提供了数据支持和参考,帮助管理者做出明智的决策。

✜✜ 投资决策

通过分析企业的财务信息,管理者可以确定投资项目的可行性、回报率和风险程度。会计信息对于评估投资项目的潜力、把握市场趋势和制订投资计划具有重要意义。

✜✜ 融资决策

会计信息可以帮助管理者评估企业的资金需求和融资能力,包括债务和股权融资等方面。通过分析财务信息,管理者可以决定企业的融资方式、融资规模和成本等,以满足企业发展和运营的需求。

✤✤ 成本控制决策

会计信息对于企业成本控制和效益评估具有重要意义。通过分析成本结构、成本变动和成本效益等指标,管理者可以做出关于提高效益、降低成本和优化资源配置等方面的决策。

✤✤ 风险管理决策

会计信息可以为管理者提供风险识别和评估的依据。通过分析财务数据、财务比率和经营指标,管理者可以进行风险管理和控制,以减少业务风险、提高企业的稳定性和可持续性。

总之,会计信息在企业决策中起到了重要的作用,它提供了关于企业财务状况、经营绩效、成本效益等方面的数据和分析,帮助管理者做出明智的决策,优化资源配置,提高企业的竞争力和经济效益。

在使用会计信息做出决策时,需要注意以下几个方面:

- 质量和可靠性:确保会计信息的质量和可靠性。这要求对会计记录和报表编制过程进行严格的内部控制和审计,以防止错误、篡改或欺诈行为,确保会计信息的准确性和可靠性。

• 及时性:确保会计信息及时提供。这要求会计人员及时记录和处理财务交易,并及时编制财务报表。只有及时获得会计信息,管理者才能在需要时做出决策。

• 综合性:综合考虑多个会计指标和财务信息。单一的会计指标可能无法全面反映企业的状况,因此在做决策时应综合考虑各种会计信息,如资产负债表、利润表、现金流量表等,以获取更全面的了解。

• 相关性:将会计信息与决策问题相关联。在做决策时,需要明确所需的会计信息,并确保这些信息与决策问题密切相关。避免过度依赖某些指标或忽视其他重要信息。

• 专业性:在使用会计信息做出决策时,应具备足够的会计和财务知识。了解会计原则、财务报表的编制规则,以及会计信息的解读方法,有助于正确理解和运用会计信息。

- 风险管理：在决策过程中要考虑风险因素。会计信息可以提供风险评估的依据，例如财务比率、资产负债结构等。在做出决策时，需要综合考虑潜在的风险和不确定性，并采取适当的措施进行风险管理。

- 透明度和开放性：确保会计信息的透明度和开放性。会计信息应以清晰、准确的方式呈现，并同相关利益方进行开放性沟通。这有助于其他决策者理解和接受会计信息，进而做出更好的决策。

通过注意以上方面，深入理解和应用会计学的原理和方法，可以更有效地理解企业的财务状况，使用会计信息做出明智的决策，为企业的发展和经营提供正确的指导和支持，从而实现企业的可持续发展。

▶▶ 会计的风险意识——谨慎性原则与现代风险导向审计

在现代商业环境中，风险是无法避免的，会计应当主动地为公司识别主要的风险，工作中强化风险意识。会计核算中的谨慎性原则和现代风险导向审计便是会计风险意识的刻画。

➡➡ 会计信息质量要求——谨慎性原则

会计信息质量要求是会计理论的构成内容之一,我国现行《企业会计准则》将会计信息质量要求规定为:可靠性、相关性、可理解性、可比性、实质重于形式、重要性、谨慎性和及时性八个方面;其中,可靠性要求企业应当以实际发生的交易或事项为依据进行会计确认、计量和报告,如实反映符合确认和计量要求的各项会计要素及其他相关信息,保证会计信息真实可靠,内容完整。会计信息的可靠性是会计信息的生命线。只有可靠的信息才有利于财务报告使用者据以做出合理的经济决策。虚假的会计信息只能对财务报告使用者产生误导,致使其做出错误的决策,不仅会给信息使用者造成重大经济损失,而且会影响正常的社会经济发展秩序,甚至会危及社会的稳定。近些年来,国内外频繁发生的会计信息失真的案例表明,保证会计信息的可靠性,具有极其重要的现实意义。

谨慎性原则是实现会计信息可靠性的必要保证,谨慎性要求企业对交易或事项进行会计确认、计量和报告时,应当保持应有的谨慎,不应高估资产或者收益,也不应低估负债或者费用。处于市场经济环境中的企业,其生产经营活动面临诸多风险,其交易或事项也具有极大的不确定性。对于具有不确定性的交易或事项,如应收账款中可能收不回来的部分所占的比重、各类固定资产的使用寿命、售出产品可能发生的退货数或返修数等,都需要根据企业在以往经营过程中实际发生的情况等进行合理的判断或估计。

一方面,在判断或估计的过程中,需要保持应有的谨慎。资产是企业重要的经济资源,收益是企业经济利益的流入,必须如实确认、计量和报告。如有些资产已经失去使用价值,预期不能再为企业带来经济利益,就不能再被确认为企业的资产;对企业的收入,特别是那些可能实现的收入不应被高估,更不可作为企业现实的收入加以确认,因为高估的结果往往会使企业产生盲目乐观情绪。

谨慎性要求的另一个方面是不应低估负债或者费

用。负债总是要偿还的,负债的偿还往往会使经济利益流出企业,需要企业准备足够的偿还资金;费用的发生往往以企业资产的消耗为代价,特别是对那些由于不确定因素而给企业造成损失所形成的费用,如不可收回的应收账款形成的损失费用,企业更应宁可高估而不可低估。只有这样,才能对有可能在未来发生的损失保持清醒的认识,并采取严密的应对措施,不至于在风险实际来临时措手不及。

➡➡ 会计信息的防护墙——现代风险导向审计和审计全覆盖

风险管理是一个系统性的过程,它涉及在整个组织内对风险的识别、衡量、控制和监督,以确保风险被控制在可接受的范围内。除了财务会计理论中蕴含了风险控制意识,在会计体系下的审计理论中,审计风险意识更是贯穿始终。

审计是一项独立、客观和公正的监督活动,其主要目的是对企业的财务报告和相关信息进行评价,以确定其是否真实、公允和合规。审计通常由独立的第三方审计

师进行,他们通过对企业的财务报表和内部控制体系进行审查和测试,对企业的财务状况和风险状况进行评估。

虽然财务会计也有监督控制、风险防范功能,但其主要是从内部会计控制视角的自我监督,主要针对会计业务活动本身,有一定的局限性。而审计监督借助了第三方外部力量,是独立于财会部门之外的专职监督检查,一定程度上能够更好地进行企业的风险管理活动。会计学科体系下,二者相辅相成,共同作用于企业的风险管理和控制,体现了会计学的科学性。

注册会计师审计方式经历了三个阶段,从账项基础审计阶段、制度基础审计阶段到现代风险导向审计阶段,审计工作的重点目标也从查错防弊,到检查内部控制制度是否严密有效,再到识别评估重大错报风险。这是审计模式发展的最新阶段,以风险为导向,关注的是审计风险和审计效果。现代风险导向审计阶段,审计师会全面评估被审计单位的风险,并据此设计审计策略和审计程序,以确保审计工作的有效性和效率。可见,审计在发展的过程中不断增强风险防控意识。

政府审计方面,为了全面履行审计监督职责,国务院在2015年印发了《关于完善审计制度若干重大问题的框架意见》及《关于实行审计全覆盖的实施意见》,对公共资金、国有资产、国有资源和领导干部履行经济责任情况实行审计全覆盖,提出了"审计全覆盖"这一新概念。为适应审计全覆盖的要求,审计机关加大了审计资源统筹整合力度,避免重复审计,增强审计监督整体效能。同时,还不断创新审计技术方法,构建大数据审计工作模式,提高审计能力、质量和效率,扩大审计监督的广度和深度。审计全覆盖概念一经提出,便受到各方高度关注。除此之外,近年来环境会计、"漂绿"等新理念不断涌现,对企业绩效的评价不再局限于财务信息等客观数据,而是把环境、社会责任等其他非财务主观因素融入企业评估标准和体系中,体现了会计理念中的风险意识。

▶▶ 会计的思政功能——爱国和成才

会计助力高质量发展,会计人才培养不仅可以为经济发展和国家建设输送专业人才,而且有助于养成良好

家国情怀和严谨踏实的作风,具有优良的思想品德和职业操守,如爱国、自律、诚信、公正、爱岗敬业等职业素养。

➡➡ 社会主义核心价值观——爱国为上、诚信为本

"天下未乱计先乱,天下欲治计乃治"中的"计"就是指"会计审计";会计是在一定的规则和法律框架下运行的学科,要讲原则、讲标准。会计工作要求严谨和准确,做到账账相符、账实相符,保证会计信息真实可靠。这就需要会计人员具备诚实守信、客观公正的精神,能够自主约束自己的行为,按照规范和职业道德开展工作,时刻保持清醒的头脑,不受外界诱惑,保持良好的道德观念和职业操守,坚守诚实、公正、透明的原则。企业应诚实履行信息披露责任和义务,要自觉维护国家利益、社会利益、集体利益,提供的财务报表要真实准确,体现客观公正的原则,没有粉饰经济业务活动的情况,具有对虚假信息说"不"的能力和勇气。

2002年11月19日,第十六届世界会计师大会在中国香港会议展览中心召开,时任国务院总理的朱镕基出席了本次会议并且发表了重要讲话,他认为诚信是使市

场经济赖以发展的基石,没有了诚信的市场便会失去健康和谐的秩序,便没有了发展的根本方向。同时,认为中国政府特别重视会计的职业道德建设,会计都必须做到"诚信为本,操守为重,坚持准则,不做假账。"

会计职业道德是自律与他律的辩证统一,是行为约束与核心价值的有机融合,会计学习应以优秀的中国传统道德文化对自身的职业道德进行体悟、修炼与实践,形成诚实守信、客观公正、爱岗敬业等优良品德。

➡➡ 责任意识——权责发生制的要求

企业会计核算的基础是权责发生制,是以权利和责任的发生来决定收入和费用的归属期,而不是以现金的收付作为标准。这种制度下,凡是在本期已经实现的收入和已经发生或应当负担的费用,不论款项是否收付,都应作为当期的收入和费用处理;反之,凡是不属于当期的收入和费用,即使款项已在当期收付,也不应作为当期的收入和费用处理。例如,如果销售业务没有发生,只是按合同预收了货款,那么即使有现金流入也不能作为本期收入入账;一次性购置的厂房,不应当直接计入当期生产

成本，而应该按照适当的折旧方法，分摊至各个会计期间。权责发生制原则告诉我们，只有实际发生的行为才能确认收入和费用，不能提前确认，更不能延期计入。会计核算的权责发生制基础对学生学习有同样的启发，学生每天每节课上会接收到教师传授的许多知识，需要学生每天花时间复习巩固，消化吸收，今日事今日毕，才算真正成为自己的知识，而不是依靠考试前夕的突击复习。

责任意识培养内容还包括企业社会责任，会计人才培养体系通过开设公民道德与法治教育、社会责任与可持续发展等课程，引导学生关注社会公益事业，培养他们的社会责任感和公民意识。比如，通过研究国家税收政策、环境会计等内容，明白自己在会计工作中的社会责任，明确作为一名会计人员应该如何履行社会责任，为社会和国家的发展做出贡献。利润表中的研究费用、资产负债表中的开发支出、无形资产项目等，告诉我们应当主动关心企业的科技投入和发展成果对推动社会进步的巨大作用，培养科技强国的自豪感，激励学生支持企业研发，树立科技兴国的爱国思想。

会计用武之地：助力经济高质量发展

> 会计是一个国家经济的灵魂。
>
> ——赫伯特·胡佛

会计在经济社会中具有不可替代的重要作用，几乎涵盖了所有行业和领域。它不仅仅为企业和投资者提供了决策依据，还有助于加强企业的经营管理、考核管理层责任、辅助政府实施宏观经济管理和调控，以及促进国际经济交流和合作。随着数字化和人工智能技术的发展，会计行业也在不断创新和变革，为更好助力经济高质量发展提供重要支撑。本部分将分别从企业多元化创新发展、供应链高效协同合作、社会绿色可持续发展、资本市

场高水平开放、合理分配与共同富裕五个领域中会计所发挥的作用展开深度剖析。

▶▶ 会计学推动企业多元化创新发展

××集团是全球领先的磷肥、氮肥、玻纤、共聚甲醛制造商。为提高多元化战略的布局,集团早在2015年底就全面推动管理会计体系建设,成立了由集团董事长、总经理亲自参与的项目领导小组。财务团队每月通过管理会计方法对产销存、量本利、现金流等进行深度分析,扫描生产经营过程中的问题。在生产经营的全过程中,集团的财务部门会通过推行目标成本管理,提高生产要素组合管理水平,确保多元化战略下各个业务板块的成本控制和效益提升。该集团通过会计推动的多元化创新发展,为企业连续多年入选中国企业五百强提供了重要支持。

在全球化的时代背景下,市场竞争加剧,企业面临着前所未有的挑战和机遇。为了保持竞争优势,许多企业开始寻求多元化创新发展的道路,即在保持主营业务稳定发展的基础上,通过进入新的领域或开发新的产品或服务,以实现更为广泛的市场覆盖率、更为丰富的产品线、更高的品牌价值及更强的竞争力等。良好的多元化创新可以有助于企业不断适应新的市场环境、技术变革和消费者需求,为企业更好地融入全球产业链和价值链,提升国际竞争力,实现跨国经营和全球化发展提供重要支撑。经济越发展,会计越重要,作为一项经济管理工作,会计在推动企业多元化创新发展中的作用愈发凸显。

会计在推动企业多元化创新发展过程中如何发挥其作用?

首先,会计可以为企业提供全面的财务信息,这些信息包括企业的资产状况、经营成果、现金流等。这些信息不仅反映了企业当前的运营状况,还揭示了潜在的风险和机遇。通过提供精准、全面的财务信息和分析,会计能够帮助企业深入了解自身的财务状况、运营效率和潜在风险,从而为制定创新发展战略提供有力的支持;通过提供详细的财务报告和数据分析,会计可以帮助企业识别

出不同业务领域的营利能力和增长潜力，这使得企业能够更准确地评估各个业务板块的贡献和价值，从而确定哪些领域值得进一步投入和创新；通过比较和分析行业内的财务数据，会计可以帮助企业发现市场中的机会和威胁，以及竞争对手的优劣势，这些信息对于制定针对性的多元化创新发展战略至关重要。

其次，会计在成本控制和资源分配方面发挥着重要作用，特别是在通过成本控制推动多元化方面，扮演着重要的角色。在多元化创新发展的过程中，企业需要投入大量的资源，而成本控制是企业多元化战略中的关键环节。会计能够帮助企业制定针对不同业务领域的成本控制目标和标准。通过对不同业务板块的成本结构进行深入分析，会计可以识别出成本的主要来源和潜在节约点，进而为企业制定针对性的成本控制策略。这些策略可能包括优化采购渠道、改进生产工艺、降低库存成本等，从而帮助企业在多元化过程中实现成本的有效控制，确保企业能够在有限的资源下实现最大的创新效益；会计能够为企业提供实时的成本监控和预警机制。通过定期的成本核算和报告，会计可以及时发现成本异常和潜在风险,并向管理层提供预警信息。这使得企业能够及时调整经营策略,避免成本失控,确保多元化战略的顺利实施;此外,会计还能够通过成本分析为企业的多元化战略提供决策支持。通过对不同业务领域的成本效益进行比较和分析,会计可以帮助企业评估各个业务板块的营利能力和发展潜力,通过优化资源分配,支持企业将更多的资源投入到具有潜力的创新项目中,避免资源浪费,从而推动企业高效地展开多元化发展。

再次,会计还通过参与企业决策和跨部门合作,为企业的多元化创新发展提供安全、有力的支持。在多元化创新发展的过程中,企业面临着各种财务风险,如市场风险、技术风险、资金风险等。面对多种创新决策选项,会计人员可以利用其专业知识储备和经验,对多元化创新项目进行经济效益分析,评估项目的投资回报率、风险水平等,进而为管理层提供有价值的建议,提高决策效率。这有助于企业选择更具潜力的创新方向,降低创新风险,提高创新成功率。会计还可以与其他部门密切合作,共同推动企业的多元化发展。例如,与市场营销部门合作,通过数据分析来识别市场趋势和消费者需求,为企业的

产品创新和市场拓展提供有力支持。与研发部门合作，通过成本效益分析来评估新产品的研发投入和回报，确保企业在多元化创新中实现可持续发展。

再次，会计可以参与企业激励机制、创新成果评价体系的设计和实施。一方面，会计可以基于大量历史信息，通过建模等方式，制定合理的员工薪酬制度及创新奖励政策等，从而高效激发员工投入创新工作的热情和积极性。另一方面，会计还可以建立创新成果评价体系，通过运用财务指标、风险与收益分析、长期价值评估等方法，结合非财务指标构建综合评价体系，并注重动态监测与反馈机制的建设，为企业创新成果的全面、准确评价提供有力支持，为激励措施提供依据。

最后，随着信息技术的不断发展，会计也在逐步实现信息化和智能化。不断更新迭代的会计信息系统和人工智能技术，有助于企业更加高效地处理和分析财务信息，提高决策的准确性和时效性，这为企业快速适应市场变化、抓住新的增长点和创新机会提供了有力保障；此外，多元化创新往往需要跨部门、跨领域的合作和协调，而会计信息化可以促进企业内部各个部门之间的信息共享和协作，打破信息孤岛，提升企业的整体运营效率。

综上所述，会计在推动企业多元化创新发展方面具有不可替代的作用。然而，会计在推动企业多元化创新发展方面仍面临一些挑战，如何更好地适应市场变化、如何更好地与其他部门协同合作等。企业应充分发挥会计的作用，提高对会计工作的重视度，不断提升会计人员职业素养，加强财务管理和创新支持，积极利用信息技术，提升会计服务水平，以实现更加稳健和可持续的发展。

▶▶ 会计学激发供应链高效协同合作

××公司作为一家知名的电动车制造企业，拥有庞大的供应链体系。然而，传统的供应链管理方式在信息沟通、数据共享和协同决策等方面存在诸多挑战，导致供应链效率低下、成本高昂。为了解决这些痛点，该公司与××数字商业平台展开了深入合作：引入发票管理系统，实现发票的自动化处理、电子存储和快速查询，大大提高

了发票处理的效率和准确性;搭建云计算的信息共享平台,实现供应链各方之间生产计划、库存状况、销售预测等信息的实时交流,从而做出更准确的供货决策;引入协同对账系统,让该公司与供应商之间的对账工作变得更加高效和准确;建立供应链风险管理机制,与供应商共同制定应对措施,如备货策略、备用供应商等,以减轻风险对供应链的影响。通过与数字商业平台的合作,该公司的供应链协同合作效率得到了显著提升。

供应链是生产及流通过程中,涉及将产品或服务提供给最终用户活动的上游与下游企业所形成的网链结构。在现代商业环境中,供应链是企业运营不可或缺的一部分。它涵盖了从原材料供应商开始,经过生产商、分销商、零售商等环节,最终将产品或服务交付到消费者手中的整个链条。而供应链管理的核心在于各个环节的协同合作,使得物流、商流、信息流和资金流的顺畅流动,以满足最终用户的需求。成功的供应链管理能够协调并整合供应链中所有的活动,确保各环节之间的无缝连接和高效协同。这有助于提高供应链的运作效率,降低成本,增强灵活性,并提升整个企业的竞争力。因此,越来越多的企业开始重视供应链管理,并努力通过供应链高效协同合作来优化供应链,以应对市场的挑战和变化。高效协同合作的供应链强调各个环节之间的紧密协作和信息共享,即供应链中各个环节和参与方之间可以通过共享信息、资源和目标,以实现协同决策、协同计划、协同执行和协同控制,最终实现供应链的整体优化。会计作为供应链中资金流动的核心监控者,在推动供应链高效协同合作中具有关键性价值。

会计在激发供应链高效协同合作中如何发挥其作用?

首先,会计为供应链运转提供充分的财务信息。供应链中涉及多个环节和流程,而各环节间的配合至关重要,会计通过提供全面、准确的财务信息,包括成本、收入、利润等方面的数据,使得供应链中的各个环节能够了解彼此的需求和资源,从而实现资源的优化配置和成本的降低,为供应链各个环节做出明智的决策提供依据。

其次,会计在优化成本管理方面发挥着关键作用。供应链的每个环节都会产生大量的成本,成本是供应链

协同合作中各方关注的焦点之一。而会计的主要任务之一就是进行成本核算与控制,通过精确核算和控制成本,会计能够帮助企业识别并消除供应链中的浪费和不合理支出。例如,通过对比分析不同供应商的价格和质量,会计可以协助企业选择性价比更高的合作伙伴;通过优化库存管理和生产计划,会计可以降低库存成本和生产成本,提高资金利用效率。

再次,会计在风险控制方面也发挥着重要作用。供应链中存在着各种潜在风险,如市场风险、信用风险、资金风险等。会计可以基于对财务信息的分析,制定风险预警机制,及时发现并评估供应链各环节潜在的风险,为供应链的稳定运行提供保障。具体包括在风险评估阶段,会计根据收集并整理好的相关财务信息展开分析,并基于结果对供应链中的各个环节进行风险识别和评估,考虑风险的概率、影响程度及紧急程度,确定风险的优先级;基于风险评估结果,会计可以设定预警指标,如供应商履约率、库存水平、交货准时率等,当这些指标超过设定的阈值时,预警机制将触发警报,提醒企业及时应对潜在风险;同时,会计可以通过数据整合、分析和可视化等手段实现供应链风险监测系统,自动收集和处理数据,生成实时报告和预警信息;当预警机制触发警报时,会计应迅速响应,通过与供应商沟通、调整采购策略、加强质量控制等措施进行预警处理;会计可以通过定期回顾和评估预警机制的有效性,及时调整预警指标和阈值,以适应不断变化的市场环境和供应链状况,实现风险预警机制的持续优化和改进。

最后,随着信息技术的发展,会计可以利用先进的技术手段提升供应链的协同效率。例如,建立财务共享平台,实现供应链各环节之间的财务信息共享和实时更新;利用大数据分析技术,实现自动化的数据录入、处理和分析,提高工作效率;对供应链中的财务数据进行深度挖掘和分析,为企业决策提供更加智能化的支持;采用云计算技术,一方面实时获取并分析供应链各环节的数据,包括库存情况、销售数据、运输信息等,这有助于会计更准确地预测市场需求,优化库存管理,降低库存成本,并为企业决策提供有力支持;另一方面实现财务数据的云端存储和备份,确保数据的安全性和可靠性。

综上所述，会计通过提供准确和及时的财务信息、优化成本管理、强化风险控制和利用先进的信息技术，有效激发供应链的高效协同合作。这不仅有助于降低企业的运营成本和提高市场竞争力，还能够增强供应链的稳定性和可持续性，为企业和整个供应链的长远发展奠定坚实基础。当然，当前会计在供应链协同合作中仍面临一些挑战，例如如何更好地协调各方利益、如何更有效地利用信息技术等。这些挑战要求会计领域不断适应和进化。未来，会计应继续加强自身建设，提高专业素养和服务水平，为供应链高效协同合作做出更大的贡献。

▶▶ 会计学助推社会绿色可持续发展

随着全球环境问题日益严峻，人类社会对物质资源和生态环境的依赖程度不断加深，这些资源的日渐衰竭对全球经济发展的自然物质基础构成了严重威胁。为解决经济发展与环境保护之间的矛盾，部分西方经济学家、环境学家、社会学家和生态学家自20世纪70年代开始，着手研究经济和环境的协调发展问题，绿色可持续发展已成为各国共同追求的目标。绿色可持续发展是指通过采取一系列环保措施和政策,促进经济、社会和环境的协调发展,实现可持续发展目标,其在促进经济、社会和环境的协调发展,提升人民生活水平,维护生态平衡和生物多样性,应对全球环境问题,以及提升国际竞争力等方面具有重要意义。会计作为微观经济的主体,其功能和作用在推动社会绿色可持续发展中愈发凸显。

会计在助推社会绿色可持续发展中如何发挥其作用?

首先,会计能够准确核算和报告企业的环境成本和资源消耗情况。随着全球环境问题的日益严重,绿色会计应运而生。各国政府纷纷研究建立本国的环境会计体系,我国也积极响应这一全球趋势,于2001年成立了绿色会计委员会,并经财政部批准,中国会计学会成立了环境会计专业委员会,这标志着我国绿色会计研究进入了新的阶段。绿色会计目标是综合评估环境绩效及环境活动对企业财务成果的影响,试图将会计学与环境经济学相结合,通过有效的价值管理,达到协调经济发展和环境

保护的目的。在企业内部应用中，绿色会计能够识别和量化环境成本，如污染治理费用、废弃物处理费用等，并将其纳入成本核算体系，从而提高环境成本的控制效果。在企业外部应用中，绿色会计可以帮助企业识别和量化环境影响，包括温室气体排放、水资源利用等，提高企业的环保水平和提升可持续发展形象。此外，绿色会计还可以提供环境绩效报告，增强企业的透明度和可信度，最终推动绿色生产方式的转变。

其次，会计能够参与企业绿色发展的战略规划。在绿色发展的背景下，企业需要制定符合可持续发展要求的战略规划。会计人员可以凭借其专业知识和信息优势，积极参与企业绿色发展政策的制定过程，为政策提供财务和经济方面的建议，帮助企业优化资源配置，提高资源利用效率，降低环境风险。同时，会计还可以协助推进绿色政策的实施，通过建立绿色会计核算体系、编制环境会计报告、进行绿色资产评估、开展环境审计、加强员工培训及与政府和社会合作等措施，确保政策目标得以实现。

再次,会计还可以将环境绩效纳入企业的决策过程中。环境绩效评价是会计助推绿色可持续发展战略的重要途径。通过对企业的环境绩效进行评价,会计可以帮助企业识别环境风险,优化资源配置,提高经济效益和环境效益。环境绩效评价中,会计可以运用各种指标和方法,如环境效率指标、碳排放强度、资源消耗率等,对企业的环境表现进行量化分析。通过对比不同时期的数据,会计可以揭示企业环境绩效的变化趋势,为企业制定改进策略提供依据。在投资决策中,会计可以评估项目的环境影响,优先选择具有绿色、环保特点的项目;在运营管理决策中,会计可以优化生产流程,降低能源消耗和污染排放;在产品设计决策中,会计可以推动绿色产品的开发,满足消费者的环保需求。

最后,会计还能够通过信息披露和公众监督推动企业绿色发展。社会责任报告是企业向公众展示其环境、社会和经济绩效的重要途径。会计在编制社会责任报告中发挥着关键作用,通过收集、整理和分析企业在环境、社会和经济方面的数据,为企业提供一个全面、客观的视角来审视自身的可持续发展状况。社会责任报告不仅涵

盖了企业的环境绩效,还包括了企业在员工福利发放、社区参与、反腐败等方面的表现。通过详细披露这些信息,企业可以增强与利益相关方的沟通与合作,树立良好的企业形象,提高社会信任度。此外,会计还可以通过信息披露机制推动绿色可持续发展。通过定期发布环境报告、可持续发展报告等,会计可以向公众提供关于企业环保工作的最新进展和成果,接受社会的监督和评价。这种透明度的提高有助于增强企业的责任感和使命感,推动企业持续改进环保工作。而会计信息的公开透明有助于增强企业的社会责任感和公信力,使企业在公众监督下更加注重环境保护和可持续发展。同时,通过与其他利益相关方,如投资者、消费者和政府部门等进行沟通与合作,会计能够推动企业形成绿色发展的合力,共同推动社会绿色可持续发展。

总之,会计在助推社会绿色可持续发展中发挥着不可替代的作用。通过准确核算和报告环境成本、参与绿色发展战略规划、推动信息披露和公众监督等手段,会计能够推动企业形成绿色发展理念,促进社会经济与生态环境的和谐共生。未来,随着绿色会计理论和实践的不断深化和完善,其在社会绿色可持续发展中的作用将更加凸显。在实施绿色会计的过程中,我们还需要关注一些关键问题,例如加快环境方面的法律法规建设,为绿色会计的实施提供有力的法律保障;促进绿色会计理论水平的不断提升,加强与国际先进国家的学术沟通,以及注重绿色会计理论与实际结合的研究,来推动绿色会计在我国的深入发展;相关机构通过在局部地区开展绿色会计的试点,逐步普及绿色会计理念和实践,从点到面地推动社会绿色可持续发展等。

▶▶ 会计学赋能资本市场高水平开放

资本市场是指期限在一年以上的各种资金借贷和证券交易的市场,是企业筹集长期资金的主要场所,主要包括股票市场、债券市场和中长期信贷市场。资本市场是金融市场的重要组成部分,在现代经济体系中发挥着举足轻重的作用,它不仅是企业融资和投资的场所,更是优化资源配置、推动企业发展和创新、稳定宏观经济及管理风险的重要平台。随着全球经济的深度融合和资本市场

的不断扩大,会计作为商业语言的通用性和国际性日益凸显,成为推动资本市场高水平开放的重要力量。

会计在赋能资本市场高水平开放中如何发挥其作用?

首先,会计通过提供高质量的财务信息,增强了资本市场的透明度和可预测性。这有助于投资者更准确地评估企业的价值和风险。同时,会计遵循国际财务报告准则,确保财务信息的可比性和一致性,这使得投资者能够更容易地比较和理解不同企业的财务状况,从而做出更明智的投资决策。高质量的会计信息还有助于降低信息不对称,同时通过强化内部控制和审计制度,确保财务信息的真实性和准确性,并通过严格的审计程序和内部控制措施防止财务造假和舞弊行为的发生,维护资本市场的公平和公正。

其次,会计在促进国际资本流动和跨境投资方面发挥着关键作用。资本市场的高水平开放意味着国际资本的自由流动和跨境投资的便捷性。会计在这一过程中,遵循国际财务报告准则,使得企业的财务信息能够在全球范围内得到认可和使用。这为国际投资者提供了便利，使他们能够更容易地理解和评估企业的财务状况，从而做出投资决策。同时，会计有助于加强与国际会计准则的对接和协调，推动全球会计标准的统一，从而降低跨境投资的成本和风险，提高市场的可预测性和稳定性。通过加强与其他国家和地区的会计机构、监管机构的合作，并通过遵循国际财务报告准则，企业可以更加便捷地向全球投资者展示其财务状况和经营成果，从而吸引更多的国际资本。同时，会计信息的可比性和一致性也有助于降低跨境投资的风险和成本，推动全球资本市场的互联互通。

再次，会计还通过加强监管和确保合规性，来提升资本市场的稳定性和安全性。资本市场的高水平开放意味着市场风险的增加和复杂性的提升。会计可以通过提供全面、准确的财务信息，帮助企业识别和评估潜在的风险因素。这有助于企业及时制定风险应对策略，降低风险的发生概率和影响程度；通过加强内部控制制度的建设和执行，会计工作有助于确保企业财务活动的合规性和合法性，通过建立健全的内部控制体系，有效防止内部舞

弊和违规行为的发生,维护企业的声誉和利益。此外,会计在市场监管和自律机制的建设中也发挥着重要作用。通过加强与其他监管机构的合作和信息共享,以及不断完善会计规则和制度等,相关机构能确保会计为资本市场的稳定和发展提供有力支持。

最后,会计还积极推动数字化转型和信息化建设,推动资本市场的变革。随着科技的进步和数字化时代的到来,会计通过推动创新和数字化转型,能够迅速提升服务效率和质量,例如利用大数据、人工智能等先进技术,提高财务信息的处理和分析能力;通过自动化和智能化的财务处理系统,会计能够更快速地生成财务报告和分析结果,为投资者提供更及时、更准确的决策信息;通过建设数字化会计平台和信息共享机制,会计能够提高信息传递和沟通的效率,降低沟通成本,促进资本市场的高效运作。

综上所述,会计在赋能资本市场高水平开放中发挥着不可替代的作用。随着全球经济的不断发展和资本市场的进一步深化,通过提供高质量的财务信息、促进国际资本流动、加强监管和确保合规性及不断创新和发展,会计的作用将更加凸显,为资本市场的开放和繁荣做出更大的贡献。与此同时,在赋能资本市场高水平开放的过程中,会计还需要不断创新和发展。随着科技的进步和数字化时代的到来,会计行业正面临着前所未有的变革。利用大数据、人工智能等先进技术,会计需要不断提升处理和分析数据的准确性和及时性。同时,会计也需要加强与国际同行的交流与合作,共同推动全球会计标准的统一和协调,为资本市场的开放提供更加坚实的基础。

▶▶ 会计学促进合理分配与共同富裕

××公司自1970年成立以来,始终致力于医药核心主业的发展,并通过多元化投资实现企业集团化。在追求经济效益的同时,该公司也积极履行社会责任,通过会计手段促进资源的合理分配与共同富裕。2017年,该公司与××村签订结对帮扶协议,通过"输血+造血"的方式,量身打造有机蔬菜基地,并成功进入市场化运营。这不仅解决了当地村民的就业问题,还实现了低收入农户

的增收和村集体经济的壮大。在此过程中,会计部门通过精细化的成本核算和财务分析,为产业帮扶项目提供了有力支持。

共同富裕是中国特色社会主义的本质要求和中国式现代化的重要特征。而合理的分配制度是实现这一目标的关键制度安排。政府通过合理的收入分配,可以调动各方面的积极性和创造性,有效配置生产要素,促进高质量发展,确保发展成果的共享和防止两极分化。在中国特色社会主义制度下,追求共同富裕是一个长期而艰巨的任务,需要国家、社会和个人的共同努力。在社会经济活动中,会计作为一个重要的管理工具和信息提供者,其角色不仅限于记录和报告企业的财务状况,更在于通过其独特的职能和方法,促进资源的合理分配,进而推动共同富裕的实现。

会计在促进合理分配与共同富裕中如何发挥其作用?

首先,会计通过提供真实、准确的财务信息,为合理分配提供了基础。在社会主义市场经济中,资源的分配往往依赖于各种经济主体的决策,而这些决策又往往基于财务信息。会计作为信息的提供者,能够全面、系统地记录和报告企业的财务状况和经营成果,为政府、投资者、企业和其他利益相关方提供了重要的决策依据。这使得资源能够根据市场需求、经济效益和社会效益等因素进行合理分配,从而避免资源的浪费和错配。

其次,会计在税收和预算分配方面发挥着关键作用。税收是国家实现公平分配和调节收入分配的重要手段,而会计则是税收征收和预算分配的重要工具。会计通过核算企业的应纳税所得额,为税收征收提供了依据;会计还能够通过提供税收筹划建议,帮助企业合法合规地降低税负,提高经济效益;税务机关通过会计核算和审计,可以确保税收的公平性和合理性,防止税收的逃漏和滥用;会计还可以为政府预算分配提供科学依据,确保公共资源的合理分配和有效利用,这有助于缩小社会贫富差距,推动共同富裕的实现;在税收调节中,会计通过税收政策的引导,促进社会资源的合理分配。例如,政府通过对不同行业、不同地区实行差别化的税收政策,可以引导资源向更需要、更有发展潜力的领域流动;政府通过对高

收入群体实行更高的税率,可以缩小社会贫富差距,促进共同富裕。

再次,会计在履行社会责任和推动可持续发展方面也发挥着积极作用。随着社会对环境保护、社会责任履行和可持续发展的日益关注,企业需要更加注重其经济行为对社会和环境的影响。会计通过提供环境、社会和治理(ESG)等方面的信息,帮助企业识别和管理相关的风险和机遇,推动企业实现可持续发展。这不仅有助于提高企业的社会声誉和竞争力,还有助于促进社会的公平和共同富裕。公益慈善事业是实现共同富裕的重要途径之一,而会计在公益慈善事业中也发挥着重要的支持作用。监管机构通过会计核算和审计,可以确保公益慈善资金的透明度和合规性,防止资金的滥用和浪费。同时,会计还可以为公益慈善项目提供财务咨询和规划服务,帮助项目实现更好的社会效益和经济效益,通过提供专业的财务服务,推动公益慈善事业的健康发展,推动社会的公平和共同富裕,实现资源的合理分配和有效利用。

最后,会计在促进合理分配与共同富裕方面的作用不仅体现在当前的经济活动中，更在于其对社会经济发展的长远影响。通过优化资源配置、调节税收、推动社会责任和可持续发展，以及支持公益慈善事业等多种方式，会计有助于缩小社会贫富差距，提高人民生活水平，促进社会和谐稳定。同时，随着科技的进步和会计行业的不断创新发展，会计在促进共同富裕方面的作用将更加凸显。例如，大数据、人工智能等技术的应用将使得会计信息更加准确、及时和全面；区块链技术的应用将提高会计信息的可信度和透明度；环境会计、社会责任会计等新兴领域的发展，将使得会计在推动可持续发展和社会责任履行方面发挥更大的作用。

综上所述，会计在促进合理分配与共同富裕方面发挥着不可替代的作用。通过提供真实、准确的财务信息，参与税收和预算分配，履行社会责任和推动可持续发展，以及支持公益慈善事业，会计为社会的公平和共同富裕做出了重要贡献。因此，我们应该重视会计在经济发展和社会进步中的作用，加强会计人才的培养和引进，推动会计行业的创新和发展。未来，随着会计行业的不断创新发展和社会经济的不断进步，会计在促进共同富裕方

面的作用将更加突出和显著。

会计在助力经济高质量发展方面也具有广泛的用武之地。企业多元化创新发展、供应链高效协同合作、社会绿色可持续发展、资本市场高水平开放、合理分配与共同富裕五个领域仅仅是会计价值体现的一部分。会计作为一门专业学科和职业,其职能和作用远不止于此。可以说,会计是企业运营和社会经济发展的重要基石,其职能和作用将随着社会和经济的发展而不断拓展和深化。未来,随着经济的发展和科技的进步,会计的作用将更加凸显,这需要我们不断加强会计人才培养,完善会计制度体系,提高会计信息质量,树立终身学习的理念,积极拥抱变革并充分利用先进的技术手段,从而更好地服务于经济高质量发展的大局。

会计专业应用的代表领域

会计是现代经营的中枢。

——稻盛和夫

会计专业应用的主要领域包括企业会计、政府会计和非营利组织会计。企业会计是指服务于企业单位的会计。企业的目的在于营利,因此,企业会计也称为经营会计,主要反映企业的财务状况和经营成果。政府会计是指服务于政府公共部门的会计,主要反映政府公共部门的预算收入、支出和结余等预算执行信息,以及政府的资产、负债、净资产、收入、费用等财务信息。非营利组织会计是指服务于民间非营利组织(如社会团体、慈善组织、

宗教组织等)的会计,主要反映民间非营利组织的财务状况、业务活动情况和现金流量等信息。

▶▶ 企业会计——从传统核算到决策支持

在公司制产生之前,企业的主要组织形式包括独资型企业和合伙型企业。独资型企业只有一个出资人,因此所有权和经营权都掌握在一个人手中。合伙型企业由多个合伙人按照协议共同出资,通常用于单次的、短暂的商业活动。随着社会经济的发展,股份制公司出现。股份制公司的出现使得所有权和经营权相分离,作为企业所有者的股东没有经营权,因而有强烈的会计信息需求。由此,财务会计形成,向企业外部的投资者提供关于企业的财务状况和经营成果的信息。其后,管理会计从财务会计中剥离出来,企业会计逐渐形成了财务会计和管理会计两大分支,其中,财务会计侧重于会计核算,而管理会计侧重于支持决策。

➡➡ 资本市场的发展与统一会计制度的形成

世界上最早的证券交易所创立于 1602 年的荷兰阿姆斯特丹，它是以股票为主的国际化证券交易市场，同时交易本国和外国公司的股票。世界上第一次金融投机泡沫风潮是密西西比事件，1717—1719 年，约翰·劳先后成立了密西西比公司、塞内加尔公司和印度公司，垄断了法国几乎所有的贸易。1719 年，约翰·劳通过印度公司发行股票来偿还国债，并开展一系列的宣传来煽动投资者购买其股票。在此期间，印度公司股票从每股 500 里弗尔涨至 10 000 里弗尔。然而，泡沫终究经不起时间的检验，1920 年印度公司股票狂跌至 4 000 里弗尔，引发极大恐慌，印度公司面临破产清算，伦敦和阿姆斯特丹的资本市场也发生传染性崩盘。

第二次金融投机泡沫风潮是著名的南海泡沫事件，南海公司将国债私有化，投资者可以利用国债购买南海公司的股票。南海公司通过大量的虚假宣传来吸引投资者购买股票，使其公司股价上涨至 1 000 英镑，而随后又急速下跌，导致大量投资者破产。著名的科学家牛顿也

不能幸免，他在几乎最高点的时候大量买入，最终损失20 000英镑。牛顿在日记中写道："我能计算天体运行的轨迹，却不能计算人性的疯狂。"南海泡沫事件使得英国开始高度重视会计审计在资本市场发展中的作用，1844年《股份公司法》规定股份制公司必须披露财务报告。

美国资本市场发展迅速，在20世纪初已经和英国资本市场分庭抗礼，甚至逐步取代英国资本市场。然而，1929年10月29日道·琼斯指数狂跌22%，成为美国资本市场上最严重的一次股灾，被称为"黑色星期二"，也使得美国和世界各地进入了长达10年的经济大萧条时期。这一惨烈的教训刺激了两部具有划时代意义的法律的颁布，即《证券法》和《证券交易法》。1933年的《证券法》确立了以会计为基础的交易的真实性原则，以及以会计报告为基础的可靠性原则，强调独立审计的证券交易责任，并且要求"充分、公允的信息披露"。1934年的《证券交易法》做了更为细致的规定，将财务会计规则的制定权授予证券交易委员会（SEC），并要求上市公司定期发布经审计的财务报表。

1938年，SEC将财务会计规则的制定权授予民间团体。1973年5月，财务会计准则委员会（FASB）成立，成为美国会计准则制定的权威发布机构。统一会计制度的形成使得美国资本市场从投机的时代逐步转向正常的轨道。1973年6月，国际会计准则委员会（IASC）在英国伦敦成立。20世纪80—90年代，各国的资本市场逐步开放，各国会计准则之间的差异对不同国家财务报告编制者和使用者的影响也愈发强烈，迫切需要通用的规则来统一会计信息的规则和质量。因此，各国证券监管机构开始重视国际会计准则的制定，并产生了与IASC的合作意向。2005年，中国财政部副部长、中国会计准则委员会秘书长王军与国际会计准则理事会主席戴维·泰迪爵士签署了联合声明，确认中国会计准则与国际财务报告准则实现了实质性趋同。

可以看到，资本市场是在一次次事件中不断摸索前行的，而会计作为信息的提供者、决策的支撑者在其中发挥了非常关键的作用。每一次泡沫事件的出现，都引致了更透明、更公平的交易规则和会计制度。随着各国会计准则的不断趋同，资本市场将向着健康、有序、公平、开

放的方向持续发展。

➡➡ 成本控制如何挽救濒临破产的汽车公司？

美国著名经济学家，1970年诺贝尔经济学奖得主保罗·萨缪尔森曾指出，"学经济学其实很简单，对于宏观经济学，你只要记住'资源'二字就可以了；对于微观经济学，你只要记住'成本'二字就可以了"。可见"成本"在微观经济的运行中发挥着尤为关键的作用。某企业家精通五国语言，毕业后即加入了大型轮胎制造集团，通过裁员、盘活存量资产、降价、扩大客户阵容等一系列改革，成功将当时面临倒闭风险的该集团巴西分公司复活。然而，该企业家在该集团的事业发展并不顺利，心灰意冷的他辞职离开该集团并加入法国著名汽车集团。履职后该企业家展开了多次以削减成本为目的的行动，为该法国汽车集团节省了多达15亿美元的成本，由此赢得了"成本杀手"的称号。

三年后，该法国汽车集团收购日本某知名汽车公司股份并成为其控股股东。然而，当时的日本汽车公司已经出现了连续七年的严重亏损，巨额债务缠身，这一收购行为遭到了媒体和公众一致的质疑。该企业家被任命为该日本汽车公司首席运营官,开展了资产重组计划,为该日本汽车公司勾画了"以利润而不是业务增长为导向""重视技术研发和客户需求"等为特征的蓝图。另外,针对该日本汽车公司一直沿袭的传统"终身雇佣""年功序列"等管理规则和文化,该企业家重新制定了新的薪酬方案与激励政策,宣布公司不再按年资提拔员工,而是以严格的财务目标来考核员工。此外,该日本汽车公司还和供应商形成了一种双赢互惠的关系,只有协助该日本汽车公司降低采购成本的供应商才可获得采购合约,同时该日本汽车公司也帮供应商设法降低成本。该资产重组计划仅执行一年就实现了高达27亿美元的营利,创造了当年全球汽车行业最佳的财务业绩。

以此为基础,该日本汽车公司购买了该法国汽车集团的股权,同时该法国汽车集团对该日本汽车公司的持股也进一步提升,双方正式形成了交叉持股的联盟关系。基于资产整合的显著效果,该企业家被提升为该日本汽车公司首席执行官,使其成为第一名当上日本汽车公司高层领导的外国人。次年,该企业家在该日本汽车公司

发动了第二轮改革行动，旨在用三年时间使该日本汽车公司的全球销售量和利润率的提升，并清零汽车事业净债务。随着这一改革行动提前并超额完成，该企业家被任命为该法国汽车集团首席执行官，从而成为全球汽车历史上首位同时执掌两家汽车制造商及一个联盟的最高领导人。

尽管近年来该企业家深陷少报收入、转移资金、弃保逃亡等丑闻，其力挽狂澜拯救日本汽车公司的事迹至今仍为人们津津乐道。成也萧何，败也萧何，该企业家的成功源自他敏锐的成本洞察和卓越的管理意识，而他的落幕也与自身的财务问题密切相关。财务、会计是管理公司的重要工具，如何运用好这一工具支撑公司决策，同时又保障不陷入其潜在的泥潭中，是每一个管理者所必须思考和回答的问题。

➡➡ **财务管理创新如何赋能家电企业转型升级？**

某家电企业成立于 1984 年，自创立以来即秉持"创业创新"的管理思想不断发展壮大，目前已经成为家喻户晓的全球最大规模家用电器制造商之一。其"人单合一"

的商业模式、创始人怒砸76台问题冰箱的事迹也为人们所津津乐道。实际上,除了对用户价值的关注,在企业发展过程中,该家电企业始终将财务管理放在突出位置并不断开拓创新,以寻求和时代的共同进步与发展。信息化系统、数字化思维、非线性管理、财务共享等财务管理创新,不仅促成了财务管理效率提升、风险规避等一系列目标,更是实现了财务的增值赋能。

在信息化系统方面,该家电企业开发客户履约管理平台,实现线上与客户进行合同开发及签约,通过合同的模块化管理简化流程、降低成本、减少资源耗用,并规避晚签约、漏签约等问题。在数字化思维方面,该家电企业建立客户信用风险管理系统,一方面对客户的信息进行收集整理,另一方面建立全流程端到端的信用管理的体系,最终实现将业务的行为数据转换成可以解析的结构化数字,从而实现风险管理的全流程可视,极大地降低系统性的操作风险。

在非线性管理方面,该家电企业以用户的个性化需求为中心,将业务数据与财务数据相融合,更好地创造用

户价值。在财务共享方面,该家电企业建立财务共享服务中心,将供销链内各经营阶段所形成的财务会计项目全部汇集到财务共享服务中心,并依照统一的作业流程和工作规范加以管理,有效促进了该家电企业整体财务功能的转换,有效提升了公司整体财务核算管理水平,为公司管理人才提供了更为强大的财务决策支撑。在持续的财务管理创新实践中,该家电企业15年稳居欧睿国际全球大型家电品牌零售量第一名。

在当前时代背景下,企业如逆水行舟不进则退,数字化转型、高质量发展、可持续发展等正倒逼传统企业投身于经营模式的转型与升级中。作为企业发展的命脉,财务部门不仅能够通过收集、整理和分析财务数据为企业的战略规划、产品开发及市场拓展提供重要的决策依据,同时也能够为企业优化资源配置、提升市场竞争力,起到关键的推动作用。在此背景下,会计专业面临着极大的机遇,必将为企业的转型升级和经济的高质量发展贡献巨大力量。

▶▶ 政府会计——从反映收支到保障治理

政府会计是用于确认、计量、记录和报告政府与政府单位财务收支活动及其受托责任履行情况的会计体系。政府会计是收集和传递政府预算信息和财务信息的中枢,兼具宏观和微观的职能,即宏观上反映财政和政府部门整体的资源配置及国民经济运行调控,微观上反映政府部门、组织内部的资源运用活动。因此,政府会计既包括反映预算执行情况的预算会计,又包括反映资产、负债、运营业绩等的财务会计。在"像管理企业一样管理政府"的先进概念引入以前,世界各国的政府会计普遍采用收付实现制。然而,预算的短期性、绩效的模糊性等缺陷,使得以权责发生制为基础的核算要求更加迫切,各国开始改革政府会计制度。

➡➡ 从"政府停摆"看美国的预算会计制度

2023年9月25日,距离美国新财年开始仅剩不到一周的时间,美国国会两党仍未就新一轮财政预算达成一致。共和党内部强硬保守派要求大幅削减联邦开支,不

接受任何临时预算法案,导致相关谈判难以推进。联邦政府一旦陷入"停摆",将给美国经济造成严重破坏。9月30日,是美国2023财年的最后一天,如果国会仍无法就新财年联邦预算案达成一致,无钱可用的联邦政府将不得不关停或部分关停国家公园、博物馆、护照办理等所有非必要服务,而边境巡逻、机场安检等必要岗位的雇员则需要无薪上班。当晚,美国国会在最后时刻批准了一项短期拨款法案,暂时避免了政府"关门"。

实际上,自1974年《预算与会计法案》实施至今,美国政府一共停摆21次。历史上首次"停摆"危机发生于1976年,在时任美国总统杰拉尔德·福特否决了一项拨款法案后,联邦政府第一次"停摆"12天。每届政府停摆的次数不同,持续时间长短不一,所产生的影响也大相径庭。例如,克林顿政府长达21天的停摆曾经成为有效制约国会的"紧箍咒",为联邦政府带来了长达17年不再停摆的平静岁月。奥巴马政府果断让非核心部门彻底停摆了16天,却因政府关门严重影响百姓的正常生活而饱受争议。然而,不管"停摆"的影响如何,持续不断的"停摆"危机显示了预算会计在联邦政府运转中的关键作用。

联邦政府的预算过程漫长而复杂，在一个财政年度内，联邦政府要在执行本财政年度预算的同时，审核上一财政年度的预算，并编制下一财政年度的预算，主要经历预算编制、审批、执行和审计等阶段，各阶段之间一般按顺序排列且相互勾连，拥有明确的法律依据。在预算编制阶段，管理与预算办公室会向各行政机构发送规划指南，正式启动预算过程，直到总统按照法律规定向国会提交预算案为止。在预算审批阶段，国会将预算交给拥有支出管辖权的委员会及参众两院的筹款委员会进行审议，同期交由国会预算办公室进行"重新概算"后报预算委员会。国会通过具有法律约束力的预算决议后，正式提交总统。

在预算执行和审计阶段，管理与预算办公室负责执行分派预算，按照法律规定将划拨经费分派给联邦政府各部门。国库负责执行收入预算，负责国内税赋征收和税法执行，并根据预算安排将各部门政府采购经费直接划拨给相关供应商。国会预算办公室负责监测预算执行情况，预测并报告各部门的赤字或盈余。政府问责办公室负责监督联邦预算是否依法执行。预算年度结束后，

管理与预算办公室和国库共同编制并向国会提交反映预算年度内预算收支执行情况的决算报告,经国会批准后成为正式决算。尽管联邦政府屡陷"停摆"危机,但这一严格的预算编制、审批、执行和审计流程,对我国推行国家治理体系和治理能力现代化,特别是全面实施绩效预算,具有一定的启发和借鉴意义。

➡➡ 英国的"政府统一账户"与政府会计改革

英国的政府会计改革是从地方政府开始的,其核心是在公共部门实行权责发生制会计。1850年,伯明翰市政府就已经开始实行权责发生制会计,但地方政府推行权责发生制会计过程比较缓慢,直到20世纪80年代才全部推行。1993年,中央政府第一次做出实施权责发生制的声明。1994年,中央政府正式提出"资源会计与预算"的概念,指以政府各部门占有、使用资源为中心,按权责发生制基础编报预算并进行会计核算。1995年,中央政府发布有关实施权责发生制预算和会计的提议,包括实施的时间表。自2001年起,英国中央政府会计和预算编制同时采用权责发生制。

英国的资源会计与预算报表体系主要包括各部门年度财务报告及"政府统一账户"。各部门年度财务报告是指按照《预算原则法》的规定,对于所有支付,相关部门应以资源账户为基础,采用单式簿记的方式,反映各公共部门的财务状况、运营情况和现金流。报告主要包括资源产出汇总表、运营成本表、资产负债表、现金流量表和资源运用情况表共5张报表。"政府统一账户"是在公认会计原则之下,以权责发生制为基础,按照年度政府财务报告手册的要求,采用复式记账的方法编制政府整体的资源会计报告。

"政府统一账户"覆盖的是经英国财政部认定的具有提供公共产品和服务职能,以及完全或基本上由公共资金资助的实体,包括中央政府部门、非政府部门公共机构、地方政府、国家卫生服务和自治机构等。"政府统一账户"由合并收入费用表、合并综合收益表、合并资产负债表、纳税人权益变动表、合并现金流量表构成。"政府统一账户"对于提升英国政府公共财政管理决策水平以及议会履行监督审查职责,发挥了重要作用,其与国家统计局发布的国民经济核算账户及预算责任管理局发布的

经济表现和公共财政预测,共同构成了合理保障政府财政长期绩效的治理机制。(图7)

资源会计与预算报表体系

各部门年度财务报告	"政府统一账户"
资源产出汇总表	合并收入费用表
运营成本表	合并综合收益表
资产负债表	合并资产负债表
现金流量表	纳税人权益变动表
资源运用情况表	合并现金流量表

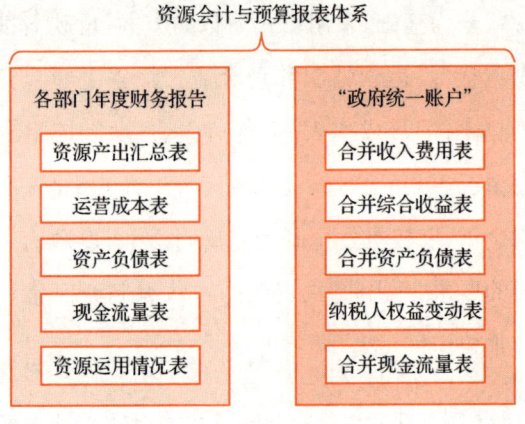

图7 英国政府会计体系

作为较早开展政府会计制度改革的国家,英国"政府统一账户"的实施是政府会计改革的标志性成果,通过借鉴企业会计的理念和方法,为公共部门生成高质量财务信息,并以此为分配公共资源奠定了坚实基础。英国"政府统一账户"对于我国提升政府财务报告质量、防范政府债务风险、支撑政府绩效管理、推进财政治理能力现代化具有重要的借鉴意义。

▶▶ 非营利组织会计——塑造公信力的基石

非营利组织会计服务的主体是慈善组织、社会团体、宗教组织等民间非营利组织,这些非营利组织在环境保护、赈灾救难、文化传播、医疗卫生等各个领域均发挥着至关重要的作用。非营利组织的资金主要来源于各种形式的社会捐赠,这一特点决定了其信息使用者主要包括资金的提供者及其他相关人员,他们都有了解非营利组织控制的资源状况、负债水平、资金的使用情况及其效果、现金流量等信息的需要。然而,随着非营利组织数量的日益增长,非营利组织财务会计制度的不规范问题也逐渐显现,会计信息披露也得不到应有的重视,存在着大量漏洞,公信力逐渐丧失。

➡➡ 我国慈善组织的财务会计制度日益健全

从会计核算专业性来看,目前我国慈善组织主要是聘任专兼职会计人员或委托代理记账公司进行会计核算,"乱做账"现象频现。从财务管理意识来看,我国慈善组织在募集资金、投资、项目资金预算管理、全面预算管

理等方面均有待提高。从内部控制规范来看,我国慈善组织尚未形成系统性的内部控制和财务风险意识,内部管理职能尚不完善。从财务管理专业人才来看,目前我国慈善组织的财务管理人才数量偏少,专业化能力也亟待加强。慈善组织想要获得长足发展,离不开社会资源的支持和充足资金的保障。采取科学的管理方法,加强内部治理,增强信息透明度,以改善公信力不断下降的趋势,重新赢得社会公众的认可,已经成为各慈善组织的当务之急。为规范慈善组织的行为,应对频发的声誉危机,我国开展了漫长的制度建设探索。

实际上早在 1999 年,《中华人民共和国公益事业捐赠法》就规定"受赠人每年应当向政府有关部门报告受赠资产的使用、管理情况,接受监督。必要时,政府有关部门可以对其财务进行审计。"2004 年,《基金会管理条例》要求"年度工作报告应当包括财务会计报告,注册会计师审计报告,开展募捐、接受捐赠、提供资助等活动的情况"。2004 年的《民间非营利组织会计制度》要求"财务会计报告中的会计报表至少应当包括资产负债表、业务活动表和现金流量表 3 张报表"。2006 年的《基金会信息公布办法》细化了信息公布义务人应当向社会公布的信息。

2011年,《公益慈善捐助信息披露指引》首次明确了信息披露的时限及对象。2012年,《基金会财务报表审计指引》首次引入专项审计,在对基金会年度财务报表进行审计的基础上,对当年公益事业支出占上年度收入的比例、工作人员工资福利和行政办公支出占当年总支出的比例等专项信息进行审计。2014年,《关于促进慈善事业健康发展的指导意见》要求"强化慈善组织信息公开责任,加强内部控制和内部审计"。2016年,《中华人民共和国慈善法》规定"具有公开募捐资格的慈善组织应当定期向社会公开其项目实施情况和募得款物使用情况"。

除了法律法规的不断健全,众多慈善组织也开始了艰难而漫长的自救之路。例如,某慈善基金会在官网上详细披露了年度报告、工作报告、审计报告、季度报告、保值增值投资活动等信息,致力于降低与外界的信息不对称。另一慈善基金会在披露年度报告、工作报告、审计报告、季度报告、保值增值投资活动等信息的基础上,还公开了各项财务管理制度,如固定资产管理规定、出差费用

标准、业务招待费用标准、投资管理制度等。此外,该慈善基金会还构建了完善的审计体系,一方面,在内部建立项目审计体系,对于所有资助项目进行严格的财务审计,另一方面,对于投入于重大灾害中的项目进行第三方专项审计,同时对于整个机构则每年进行一次外部审计。

随着相关法律法规的不断出台,慈善组织的财务会计制度日益健全,会计专业相关人才的引进和培训愈发受到重视,财务风险意识和资金管理意识不断提升,信息披露的及时性、准确性、详细度持续有效提高。相信在不久的将来,慈善组织的社会公信力会不断提升,会有更多的人愿意投身慈善事业,有更多需要帮助的人可以得到救助,慈善能够成为真正"透明的口袋"。

➡➡ 世界各国的慈善组织在反思、监督中不断发展完善

慈善组织频遭质疑难获公众信任并非某一国家和地区特有的现象,实际上,世界各地的慈善组织大都曾被曝出过挪用善款、财务不透明等丑闻。然而,也正是这些丑闻使得慈善组织得以在反思、监督中不断发展完善。

以 A 国为例,其慈善事业十分发达,大大小小慈善组织的总资产约占该国家经济的 5%。1992 年,该国最著名慈善机构的管理者,挪用总额高达 60 万美元的善款用于度假和置办房产等,操纵董事会成立皮包公司获取私人收益,并安排自己的家人和朋友占据要职、发放高薪。这一案件轰动一时,该管理者被判处七年有期徒刑,该国慈善事业陷入长时间的发展低潮。然而,也正是这一事件使得该国逐步形成一套机构自律和政府监管并重的机制。

在机构自律方面,一方面是采用公司化运营模式,赋予董事会决策权,避免其成员牺牲机构利益为个人谋利,另一方面是每年进行行业评级并提供排行榜,以行业自律的形式约束慈善组织行为。在政府监管方面,一方面是通过完善《税务法》和《模范非营利组织法案》,从法律上约束慈善组织的行为,另一方面是将联邦政府的国内税收署确认为慈善组织的主管部门,要求慈善组织每年度向国内税收署上报财务报表披露财务状况,并向各州总检察长提交年度报告披露组织现状和人员变动情况等。

再如，B国的慈善事业有两百多年的历史，然而，参与慈善捐助的主要是六十岁以上的老人，中青年从事慈善的兴致不高，除经济原因以外，更重要的是害群之马的存在使得慈善机构面临"信任缺失"。该国每年会发生上百起慈善诈骗案，例如，一个名叫"行动就能"的组织，其负责人打着帮助妇女的名号大量敛财，最终被判处5年有期徒刑并没收财产。在各种慈善丑闻下，该国慈善管理机构发起了一场"找回慈善信任"运动。该国捐赠理事会要求旗下的协会及基金会会员，将获得的捐款和去向对外公布，捐款者还可跟踪其捐款的最终去向和效果。

为规范慈善机构的运作，该国还设置了两家独立机构，负责监督公开募捐的社会福利组织和慈善组织对善款的使用情况。这两家机构拥有一套完善的"公信力评比"系统，每年向通过其审查的慈善机构颁发"捐助徽章"，徽章的授权使用期限为一年，据报道，首次申请"捐助徽章"的失败率约为3成。若想保留徽章，则慈善组织必须每年提出申请，每年接受一次审查。若在审查中发现违规问题，则"捐助徽章"的使用权将会被收回。

世界上不同的国家和地区,在慈善立法、对慈善基金会的监管及约束慈善组织行为、提高慈善组织财务透明度等方面有很多值得借鉴的经验。中国的慈善事业有着深厚的历史传统,2016年颁布的《中华人民共和国慈善法》更是迈出了重要的一步,相信随着中国慈善相关法律法规的不断完善,随着慈善组织对财务管理的逐渐重视,随着社会公众对慈善组织透明度的持续监督,中国的慈善事业将迈上新的阶梯。

会计学的专业能力培养

> 会计是企业的语言,没有会计就没有企业的管理。
>
> ——彼得·德鲁克

▶▶ 德才需兼备——多维复合的素养培育

在会计学的宏伟殿堂中,专业素养的培养犹如一场精心编排的交响乐,每个音符都至关重要,共同奏响成功的乐章。本节将带你领略会计专业人才如何在这场交响乐中,以德为魂,以才为翼,培育出多维复合的素养。

会计作为一种专业职业,不仅要求从业人员具备高度的专业技能,还要求他们具备良好的职业道德和较高的个人素养。培养"德才兼备"的学生一直是会计教育的重要目标。首先,会计人员需要具备高度的职业道德,这包括诚信、公正和保密等原则,同时,会计人员还需要拥有强烈的社会责任感,协助企业考虑环境成本。其次,会计人员需要培养各类专业技能,这是其职业生涯成功的关键。再次,会计人员应具备良好的沟通能力,因为他们需要与各种利益相关方进行有效沟通。此外,会计人员还需要具备批判性思维能力,以便在面对复杂的财务问题时能够做出正确的职业判断。最后,本节将讨论会计人员如何适应新兴技术的应用,以及如何通过终身学习来不断提升专业素养,以适应不断变化的商业环境。

❖❖❖ 职业道德:诚信的灯塔

在商业的汪洋大海中,会计人员如同矗立的灯塔,以诚信和公正为航标,指引企业航向正确的方向。他们不仅坚守着道德的底线,更是以《职业会计师道德守则》为指南,确保每一笔账目的清白与透明,让诚信成为会计工

作的坚实基石。

会计职业的核心在于诚信和公正,要说实话、办实事。在市场经济中,会计诚信是会计信息主体在会计信息的生产过程中,对会计信息的使用者、其他利益相关方的一种基本承诺,也是会计人员必须遵循的基本道德和行为规范。会计人员在处理财务信息时必须保持客观和独立,不受个人利益或其他外部因素的影响和干扰,确保数据的真实性、准确性和完整性。会计人员经常接触公司的敏感财务信息,必须对这些信息保密,不得泄露给无关人员。他们必须遵守严格的职业道德准则,例如国际会计师联合会(IFAC)的《职业会计师道德守则》等,这些准则为会计实践提供了行为指南。

江苏南京一小伙子发现手上保管的公司银行U盾存在漏洞,便偷偷利用这一漏洞挪用公司2 800万元还赌债,最终被判处有期徒刑九年八个月,正是因为缺乏对法律的敬畏心和职业道德底线让他铤而走险,最终酿成大错。在工作中,每一名会计人员都要坚持依法办事,学会"禁欲",向内心贪恋的欲望说不,将实事求是、诚实守信、客观公正的思想道德品质和职业道德风尚贯穿于日常工作中。

✦✦ 社会责任:绿色的心

在追求经济效益的同时,会计人员也不忘对社会和环境的责任。他们以绿色的心评估企业的可持续发展,将社会责任融入财务决策,让企业的繁荣与地球的和谐共生共存。

在当今世界,企业越来越重视社会责任履行和可持续发展。2021年,某国货品牌宣布向河南灾区捐赠5 000万元物资,一时间这个似乎已经处于破产边缘的企业一下爆红,成为让无数网友"怜爱"的国货之光,该企业一夜爆火的背后原因是社会公众越来越关注企业是否承担社会责任。习近平总书记指出,企业既有经济责任、法律责任,也有社会责任、道德责任。在创造经济效益的同时要勇担社会责任。会计人员在制定预算和投资决策,以及评估企业绩效时,不仅要考虑财务指标,还要考虑社会和环境因素,支持环境友好型项目和倡议。这要求他们具备相关的知识和意识,以支持企业的可持续发展战略。

会计人员对资源消耗、废物处理和碳排放等问题进行详细的财务记录和报告,进而核算企业环境成本,评估环保措施的经济影响;编制社会责任报告,向外界展示企业在环境保护方面的努力和成果,提高企业的声誉和公众形象;通过分析财务报告,帮助企业识别节能减排机会,推动企业可持续发展。

❖❖ 专业技能:成功之钥

会计专业技能是会计专业人士成功的关键因素,是开启会计职业成功之门的钥匙。不同层次教育要求会计学生掌握不同的职业技能。在本科教育阶段,会计技能的培养侧重于基础的会计核算能力。会计学生主要学习中小企业常用会计业务和成本核算,凭证、账簿和总账的填写审核,报表编制,营运资金管理,项目投资决策,出纳和税务申报等实务操作技能。进入硕士教育阶段,会计技能的培养则转向更为复杂的业务管理和决策支持。会计学生不仅要熟悉大中型企业复杂会计业务核算,还要掌握会计制度设计,报表分析、判断,财务状况分析与预测,预算管理,内部审计与内部控制,税收筹划等会计技能。而在博士教育阶段,会计技能的培养则聚焦于更高层次的经营管理,包括为大中型企业设计与制定会计业务规章制度的能力,同时还需要具备制定财务战略、提供决策支持、并购重组等战略层面的专业技能。此外,资本运营、价值管理、风险管理和控制等管理方面的会计能力也是这一阶段的重点。

✣✣ 沟通艺术:心灵的桥梁

会计不仅是冷冰冰的数字,更是心灵间沟通的桥梁。会计人员能够分析财务数据,识别趋势和潜在问题,以清晰、精准的语言,将复杂的财务数据转化为易于理解的信息,让决策者洞察数字背后的故事。他们倾听、解读、传达,用沟通的艺术将复杂的会计语言转化为生动的商业语言,为管理层提供有价值的见解。

会计不仅是数字的游戏,更是人与人沟通的艺术。会计人员需要与同事、管理层、客户甚至监管机构进行有效沟通。例如,注册会计师作为资本市场上的第三方鉴定人,其出具的审计报告是财务报表预期使用者与企业沟通的重要渠道。财务报表审计意见则是审计师就企业

会计信息同投资者沟通的重要方式。这就要求他们具备清晰的书面和口头表达能力,以及良好的倾听和解释复杂信息的能力。此外,跨文化交流能力在全球化的商业环境中也变得越来越重要,因此,会计人员需要具备良好的社交技能,了解其他国家或地区基本的文化、风俗和观念,掌握常见通用的语言技能。

✤✤ 批判性思维:智慧的火花

在数字的迷宫中,会计人员是敏锐的侦探,用批判性思维的火花点亮智慧的灯。他们分析、推理、判断,从数据的海洋中提炼出有价值的见解,为企业的航船导航,避开潜伏的暗礁,把握成功的机遇。

在当今复杂多变的商业环境中,会计人员的角色已经远远超越了传统的数字记录、数据核算和报告编制者。数据分析、判断、处理,以便支撑财务分析、决策等内容成为会计人员的基础工作,会计人员成为数字的组织者、挖掘者。他们通常被期望成为企业的战略顾问,为企业的决策提供关键的财务见解。面对复杂的财务问题和不断变化的市场环境,会计人员需要具备批判性思维能力,能够分析和解释数据，辨别虚假信息，识别潜在的风险和机遇。批判性思维能力是会计人员能否在决策过程中提供有价值见解和建议的重要因素。

✥✥ 技术适应性：创新的翅膀

在这个科技日新月异的时代，会计专业人员可谓是勇敢的先行者。他们拥抱新兴技术，用创新的翅膀冲破传统的桎梏。市面上的会计处理软件、数据分析工具、自动化技术琳琅满目——这些现代的利器，可以自动执行各种会计任务，例如：记录交易、管理发票、跟踪收入和支出、处理工资单、生成财务报表等，甚至可以识别异常数据并引起会计人员的关注。一款优质的会计软件、一件智能的分析工具、一项创新的新兴技术等均会成为会计人员手中的神兵利器，使会计工作更加高效、便捷、精准，为企业的管理和成长插上腾飞的翅膀。

随着科技的进步，会计行业正在经历前所未有的变革。以人工智能为代表的新兴技术的应用不仅在重塑会计职业的工作方式，还在推动会计服务的创新和效率的提升。会计工作早就从原始的纸质账簿进化到了电子记

账，企业对财务人员的需求从传统的单一应用型人才向兼具数字化与智能化思维的复合型、创新型和专家型智能财务人才转型。会计人员需要适应新的会计处理软件、数据分析工具和自动化技术。同时，他们也应该具备创新和学习能力，探索如何利用这些技术提高工作效率和质量，只有这样，会计专业人员才能在人才济济的劳动力市场中保有一席之地。

❖❖ 终身学习：知识的航程

俗话说"活到老，学到老"，在知识的海洋中，会计人员是永不停歇的探索者。他们以终身学习为航标，不断吸收新知识，更新专业技能，让自己的专业之舟与时俱进，乘风破浪。每一次学习，都是会计专业人员对未知世界的勇敢航行，每一次进步，都是会计专业人员对专业巅峰的不懈追求。

会计是一个不断发展的领域，随着全球化的加速、数字技术的革新及经济环境的动态变化，新的法规法律、行业技术和最佳实践不断涌现，会计人员面临的挑战和机遇都在与日俱增。因此，会计专业人员必须具有前瞻性思维和时刻充满好奇心,对专业学习保持充分热情,通过参加学术研讨会、业界行业聚会、持续教育和获取专业认证来不断更新自身的知识和技能,确保他们的知识和技能跟上会计行业发展的步伐。

总而言之,会计专业能力的培养是一场精神与智慧的协奏,是一场德与才的交响。在这个过程中,会计人员不仅需要掌握专业知识和技能,亦要培养良好的职业道德和社会责任感,确保在未来的职业生涯中能够以诚信、客观、公正和专业的态度服务社会。通过全面而深入的多维素养培育,会计人员将如同翱翔天际的雄鹰,不仅在专业领域展翅高飞,更在商业世界中引领风骚。

▶▶ 根深以叶茂——系统扎实的基础知识

在会计学的葱郁森林中,"根深以叶茂"不仅是自然生长的规律,也是会计专业人才成长的箴言。系统扎实的基础知识,就如同一棵参天大树深埋于土壤中的根系,它们不仅支撑着会计实践的繁茂枝叶,更是吸收养分、稳

固根基的关键所在。想要成为一名优秀的会计专业人才,就必须在这棵参天大树的树根上下足功夫,让会计基础知识的根系深植土壤、四通八达,源源不断地为枝叶提供充足的养分支持。本节将深入分析系统扎实的会计基础知识的重要性,探讨如何学习和理解会计专业的基础知识,使我们的会计专业知识体系如同树叶般繁茂生长。

会计学是一门具有实践性的学科,在商业环境中发挥着决定性的作用。对于选择会计学为学术路径的学生,他们需掌握一系列基础课程,以全方位构建其学科知识结构。会计学是这些课程的核心,包含一系列基础概念和会计原则,如会计基本等式、复式记账原理、借贷记账规则、会计基本假设、历史成本计量属性和具体会计准则等。会计学涉及财务报告的编制、分析和解释,以及会计信息在企业决策中的应用。这旨在使学生理解会计的基本理论和实践,以便有效处理和解读财务数据。经济学为会计学提供了坚实的理论基石,帮助学生理解市场动态、经济政策及全球经济发展趋势。通过微观经济学和宏观经济学的学习,学生能更好地理解影响企业决策的经济环境。

管理会计是一个重要领域,关注如何利用会计信息支持企业内部决策。课程内容通常包括成本计算、预算制定、绩效评估等,旨在提升学生的管理决策技能。财务会计是会计学的另一个重要支柱,其关注点在于如何向外部利益相关方报告企业的财务状况。课程涵盖了财务报表的编制、财务分析和财务预测,旨在培养学生的沟通和解释能力。

通过这些课程的全面学习,会计专业的学生可以建立理论框架,进而发展解决实际问题的能力。无论他们未来选择在公共会计、企业会计、非营利组织还是政府部门工作,这些基础知识都将为他们的职业生涯打下坚实的基础。

为了拥有系统扎实的会计基础知识,需要做到以下几点:

明确学习目标,筑牢知识根基。会计基础知识涉及会计原理、会计准则、会计法规、财务分析等多个方面的内容,每一个领域都具有独特的理论体系和实践要求。需要设定明确具体的学习目标,例如掌握最新的会计准

则、熟悉税法政策、锻炼财务分析能力等,有针对性地进行学习,逐步建立自身的知识体系。

系统学习,构建知识框架。会计基础知识并不是孤立的点,而是相互联系、相互作用的系统。会计专业学生需要通过系统的学习,实现无数个知识点的串联,构建起完整的知识框架。例如,在学习会计原理时,会计专业学生不仅要清楚会计要素的定义和分类,还要掌握它们之间的关联,以及它们如何体现在财务报表中,在报表中的具体指标。通过系统的学习,会计专业学生能够有效地理解会计的本质和功能,建立完整的知识体系,为后续的深入学习打下坚实的基础。

实践操作,巩固基础知识。理论基础的学习是基本,但只有实践操作才能真正掌握和巩固会计基础知识。会计专业学生可以通过实习、项目式学习、参加工作坊和实操训练营等方式,将自身所学的理论知识应用到实际的会计工作中。在实践过程中,每一次困难和挑战都是检验和巩固会计基础知识的宝贵机会。只有通过实践操作,才能深入巩固所学的会计专业基础知识。

持续更新，紧跟时代步伐。会计领域千变万化，各种会计准则、新的税法政策、智能化的财务工具层出不穷。会计专业学生需要树立持续学习甚至终身学习的观念，对新兴知识的学习保持好奇和热情，通过阅读书籍、参加培训课程、关注行业动态等方式，定期更新自己的知识体系。只有这样，才能紧跟时代的步伐，保持自身的竞争力。

跨学科学习，拓宽知识视野。会计工作不仅局限于数字和报表，还涉及经济、法律、管理等多个领域。会计专业学生需要培养跨学科思维，拓宽知识视野，掌握多学科的知识技能。例如，学习基础的法律知识，协助理解会计法规，学习经济学知识，分析会计问题背后的原因，提高财务分析能力。通过跨学科的实习，弥补知识结构的漏洞，创新思考问题的角度，深入剖析实际问题。

培养批判性思维，提高思维能力。会计工作通常需要对财务数据进行分析和解读，这就要求会计专业学生具备批判性思维，能够独立思考、分析并提出有效的建议。他们可以通过参加讨论会、撰写报告、参与案例分析

等方式培养和锻炼自己的批判性思维。此外,还可以通过实际案例的学习,从数据中发现问题,提高实践分析能力。

培养良好的学习习惯,保持持续进步的态度。会计基础知识学习是一个长期的过程,需要定期复习已学知识,不断总结知识,完善知识架构,形成适合自己的学习方法。同时,积极参加学术交流,与导师、同学分享自己的学习心得,互相学习,共同进步。

注重沟通技巧,提升表达能力。培养良好的沟通技巧,达到无论是口头还是书面,均能够清晰、准确表达自己的观点。会计专业学生可以通过参加演讲比赛、撰写报告、参加团队协作等方式,提升沟通表达能力。良好的沟通技巧不仅帮助我们清楚地表达自己的见解,亦有助于会计工作的顺利开展和高效完成。总之,会计基础知识的学习是长期而系统的过程,需要明确学习目标、系统学习、实践操作、持续更新技能、跨学科学习、培养批判性思维、注重沟通技巧、培养良好的学习习惯。只有这样,才会拥有系统扎实的会计知识体系。

在这片知识的土壤中，会计人员必须精耕细作，不断吸收和更新自己的专业知识。从基础的账目记录到复杂的财务分析，每一步都需要坚实的理论基础作为支撑。因此，对于有志于会计领域的学习者而言，重视基础知识的学习与积累，就像是对树木根系的精心培育，只有像园丁一样，精耕细作，不断巩固和拓展我们的会计基础知识，才能让知识体系的大树根深叶茂，茁壮成长。这样，无论商业环境如何变幻莫测，我们都能够凭借坚实的专业基础，稳健地驾驭会计的风浪，在职业生涯中不断成长，展现出会计专业人才的深厚底蕴和无限潜能，最终成为财务领域的领航者。

▶▶ 聚流成江海——细分方向的专业教育

"聚流成江海"是对会计专业教育细分方向的形象比喻，它描绘了一个由涓涓细流汇聚成浩瀚江河的过程。基础会计教育犹如河流的源头，是会计专业学生需要掌握的入门课程，为后续深入学习打下基础。各种细分方向就如许多的支流，每个细分方向的学生都在各自的领

域中积累深厚的知识和技能。正如河流最终汇聚成大海，会计专业的各个细分方向共同构成了会计学的丰富和完整。会计细分方向各具特色，涵盖了税务会计、审计会计、管理会计、财务会计、成本会计等多个领域。每一条支流都有其独特的课程体系和专业认证，它们为会计学子提供了深入探索和专业化发展的机会。

税务会计，是融税法实施和会计核算为一体的专门会计。税务会计人员精通税法和税务筹划，其工作主要包括税款计算与申报、税务规划与咨询、税务合规性检查、税务审计与风险管理、税务争议解决、税务政策研究与更新、财务报表中的税务信息披露。因此，税务会计人员必须理解透彻复杂繁多的税法规定，熟悉税务的申报流程，了解各种税收优惠政策，为企业和管理层提供有效的税收方案，实现合理避税，优化税务负担。

审计会计人员核查企业财务信息，确保财务信息的透明和公正。审计主要是鉴定财务信息的真实性，其关键是检查纷杂的数据中是否存在风险事项和重大报错。审计会计的工作主要包括财务报表审计、内部控制评估、风险管理、合规性检查、审计证据收集、审计报告编制、咨询服务、持续监控。

管理会计为企业内部管理提供决策支持。财政部《指导意见》指出管理会计是会计的重要分支,主要服务于单位(包括企业和行政事业单位)内部管理需要,是通过利用相关信息,有机融合财务与业务活动,在单位规划、决策、控制和评价等方面发挥重要作用的管理活动。管理会计的工作主要包括成本计算与分析、预算编制、编制财务报告、绩效评估、决策支持、战略规划、流程改进、风险管理和内部控制、项目管理。

在这些细分方向的教育中,会计学子不仅学习基础理论知识,更通过案例分析、模拟实践、实习实训等方式,将专业知识转化为解决实际问题的能力。他们像是在广阔江河中航行的一艘艘船只,迎面挑战狂风和怒浪,在每一次航行中不断探索、学习和成长,最终成为驾驭会计领域船只的熟练舵手。

随着基础专业知识的不断积累和实践经验的日益丰富,各细分方向专业的会计学子将拥有广阔的视野和深

厚的专业底蕴。无论是在企业的财务管理、还是在资本市场的波澜壮阔中，他们都能够游刃有余，在财务的大海中乘风破浪，展现出会计专业人才的卓越风采。部分学子可能成为复合型专业人才，使用跨学科知识和多元技能帮助企业在诡谲的市场风云中立于不败之地。

▶▶ 实践出真知——全面多元的实战训练

对于一门学科来说，基础的理论知识固然重要，但专业实战训练亦必不可少。会计学是一门应用科学，可以说没有实践就难以成为真正的会计专业人才。本节将重点介绍企业实习和项目式学习，会计模拟软件使用，经典案例分析，参加会计工作坊和研讨会，参与在线课堂、实操训练营、会计模拟竞赛等实战训练的重要性及优缺点。我们将讨论如何通过实际操作来巩固和应用所学的会计基础知识，以及如何通过这些实战训练经验来提高分析和解决实际问题的能力。此外，团队协作能力和领导力等软技能在会计职业发展中发挥什么作用、如何通过实战训练提高会计软技能等问题也值得进一步探讨。

"理论是基础,实践出真知"这句话在会计学领域同样适用。会计学不仅要求学生掌握系统扎实的理论基础,还强调实战训练在会计专业能力培养中的核心地位。会计基础知识为会计实践提供了框架和指导,而实践则是检验会计理论正确性和适用性的关键。全面多元的实战训练,就像是将理论知识的种子播撒在肥沃的土地上,只有通过实际操作的滋养,才能让这些种子生根发芽,茁壮成长,最终结出丰硕的果实。

在会计专业的实战训练中,学生能够有机会走出课堂,进入真实的商业环境,参与到企业的财务管理、税务筹划、财务分析等实际工作中。这种训练不仅包括了传统的企业实习经历,还包括参与财务项目、案例研究分析、模拟账目处理、参加在线课程、训练营和会计竞赛等多种形式。这些实践活动让会计专业学生能够将抽象的会计概念、理论和原则应用到具体的业务场景和项目中,体验从数据收集、记录、处理到报告编制的完整会计流程。

会计实战训练的多元性体现在它覆盖了会计工作的

各个方面。会计实战训练主要包括以下几种方式：

企业实习和项目式学习。实习经历是实战训练最直接和有效的方式之一。在真实的工作环境中，会计专业学生可以亲身体验会计工作的每一个环节，从日常简单的账目记录处理到复杂烦琐的财务分析，从税务申报到内部审计，通过利用企业提供的实训基地和实践操作平台，实现会计理论与实践的有机结合、共同发展。项目式学习亦是一种有效的方式，要求会计专业学生亲自参与到企业的财务项目过程中，有利于提高会计专业学生的团队协作能力、表达和沟通能力，不仅能解决实际问题，还能锻炼管理能力和领导能力，为之后的职业生涯打下基础。

会计模拟软件使用。会计专业学生可以使用会计模拟软件在模拟的商业场景中进行实操学习。例如，在会计模拟实训中，学生要经过出纳、成本核算会计、材料核算会计、总账会计等会计岗位，通过模拟不同的岗位训练，熟悉各个会计岗位的工作内容，加强对整个会计工作流程的认识。模拟会计系统为会计专业学生提供了一个安全且可控的模拟环境,让学生可以几乎零成本的体验和试错。

经典案例分析。经典案例分析是一种注重分析和解决问题能力的训练方式。通过对经典的真实或虚构的财务案例进行深入的分析,会计专业学生可以学会如何判断异常数据、识别潜在风险、分析问题出现的原因及提出有效的解决方案。这种实战方式不仅能够从宏观角度分析财务问题,而且能够提高会计专业学生的逻辑思考能力和批判思维能力。

参加会计工作坊和研讨会。会计专业学生可以通过参加业界或者学者举办的会计工作坊和研讨会,例如中国政府研究中心组织开展的"审计理论创新发展论坛""审计主题研究工作坊""审计与会计研究训练营",以及专题研讨会和双周论坛等。在这些场景中,会计专业学生可以尝试向经验丰富的行业专家和企业家请教和学习,获取和了解会计行业最新动态和实用技巧,有助于会计专业学生掌握会计行业发展趋势、拓宽职业视野及做好职业规划。

参与在线课堂、实操训练营、会计模拟竞赛。在线课堂会提供若干新手会计训练营课程,针对基础和关键的会计工作,在课堂上进行训练和实操,达到快速入门会计基本概念、税务基础和真账实操。而如特许公认会计师公会(ACCA)组织的就业能力大比拼、美国管理会计师协会(IMA)组织的管理会计案例大赛等会计竞赛,往往以解决社会中的实际问题为目标,这些竞赛能够锻炼会计专业学子实际解决问题的能力。在线课堂和实操训练营通常是线上举行,为无法到达现场和线下学习的在校学生提供了便利。

在会计专业领域,硬技能的重要性不言而喻,然而,软技能的价值也不容忽视,它们在促进职业发展和提升工作效率方面功不可没。硬技能,例如会计原理、财务分析、税务规划和审计程序等,为会计专业人员提供了执行具体任务的技术基础。而软技能,例如团队协作、领导管理、表达和沟通能力等,则是实现高效合作、团队和谐、管理和领导团队的重要法宝。等级越高的财务人员,个人的职业素养要求也越高,要求更高的合作能力和领导能力。在当今竞争激烈的市场环境中,硬技能和软技能的融合，对于会计专业人员来说，可谓是实现自我发展和事业腾飞的双翼。因此，财务分析、税务规划和会计审计等硬技能的实战训练非常重要，亦要注重团队协作、领导管理、表达能力和沟通能力等软技能的实战训练，这些软技能可以通过多种方式进行实战训练，见表1。

表1　会计实战方式、优点、缺点及掌握的主要技能

实战方式	优点	缺点	软技能	硬技能
企业实习和项目式学习	情景真实、亲身体验	通常为线下实习，时间管理问题	团队协作、领导管理、表达和沟通能力等	财务分析、税务规划和审计程序等
会计模拟软件使用	安全且可控、几乎零成本	软件更新滞后、缺乏人际互动	团队协作、表达和沟通能力等	财务分析、税务规划和审计程序等
经典案例分析	案例丰富	案例更新滞后	团队协作能力等	财务分析、税务规划和审计程序等
参加会计工作坊和研讨会	与专业人士交流、互动性强	地域限制，较高的时间成本、限制参会对象	表达和沟通能力等	财务分析、税务规划和审计程序等

(续表)

实战方式	优点	缺点	软技能	硬技能
在线课堂、实操训练营、会计模拟竞赛	时间灵活、实践性强	互动性和反馈较慢、缺乏个性化的指导	团队协作能力等	财务分析、税务规划和审计程序等

通过这些实战训练,会计专业学生不仅能够锻炼自己的专业技能,还能够提升解决实际问题的能力,培养出敏锐的商业洞察力和判断力。实战经验的积累,使得学生在面对未来职业生涯中的挑战时,能够从容不迫,游刃有余。正如一句古老的谚语所说:"读万卷书,行万里路。"在会计学的世界里,唯有理论知识与实践经验的结合,才能真正孕育出会计领域的专业人才。

会计学的未来发展与就业前景

数据是新的石油。

——克莱夫·罗伯特·汉比

随着数字化技术的发展,会计的核心使命之一是提供即时、准确的数据支持,帮助管理层做出更加明智的决策。智能化技术的应用进一步加强了这一使命,通过预测分析和趋势识别,为战略规划提供深度洞察。在数字化和智能化的推动下,会计信息的生成、处理和报告变得更加透明和可靠,这有助于增强投资者、监管机构和公众的信任。实时化和智能化工具能够即时监控财务活动和合规性要求,及时发现潜在的风险和不合规行为,从而加

强企业的风险管理能力。数字化和智能化技术的应用，使会计不仅仅是成本和利润的记录者，而是能够通过数据分析和洞察推动业务创新，参与到价值创造的过程中。

会计实时化、数字化和智能化是当代会计领域发展的三个重要趋势。在会计实时化、数字化和智能化发展的过程中，会计领域也将出现更多新的职业角色，如数据分析师、财务科技顾问、系统审计师等，为会计专业人士提供多样化的职业发展路径。会计专业人士需要掌握新的技能和知识，包括数据分析、人工智能、区块链等，以适应会计实时化、数字化和智能化的需求。因此，当代高校也需要顺应新时代下会计学的发展与需求，积极采取措施进行转型和改革。总体而言，会计学专业毕业生的就业前景依然乐观，但需要顺应行业的数字化转型趋势和市场对高层次、综合型会计人才的需求。具备技术能力、战略思维、国际视野和职业资格认证的毕业生将更具竞争力。在未来的发展中，毕业生应当重点提升技术、管理和跨学科的综合能力，以适应不断变化的行业需求。

▶▶ 会计学的未来发展

以大数据、云计算、移动互联网、人工智能(AI)、物联网及区块链为代表的新一轮数字化革命席卷全球,推动着新产业的出现及数字智能技术与传统产业的深度融合,而以信息表达为特征的现代会计,面临着企业实践环境和会计实践的深刻变化。会计实时化、数字化和智能化既有紧密的联系,又有明显的区别。三者都旨在提高会计工作的效率、准确性和透明度,支持更加科学和合理的决策制定。实时化、数字化和智能化的发展都得益于信息技术的快速进步,包括云计算、大数据、人工智能等技术的应用。会计的数字化为实时化和智能化提供了基础,实时化增强了数据的时效性,智能化则进一步提升了数据处理和分析的能力。它们的区别在于会计实时化强调数据处理和报告的即时性,使得会计信息能够实时更新和反映企业的财务状况,主要依赖于云计算和网络技术,实现数据的实时收集、处理和访问;会计数字化强调将会计和财务活动从传统的纸质记录和手工处理转变为电子数据处理和管理,涉及会计流程的电子化和自动化,

涵盖了从基本的电子数据录入到复杂的企业资源计划（ERP）系统集成等广泛应用；会计智能化强调应用人工智能、机器学习等技术，在会计数字化的基础上进一步提高会计工作的自动化水平和智能分析能力，主要包括机器学习、人工智能、大数据分析等，能够执行复杂的数据分析、预测和决策支持任务。

会计实时化能够帮助企业提高决策效率，即时的财务信息使管理层能够快速做出基于最新数据的决策；增强财务透明度，实时更新的财务数据提高了企业对外报告的透明度，增加了投资者和其他利益相关方的信任；优化资源分配，实时财务分析有助于更有效地监控和分配企业资源，提高运营效率；风险管理和合规性，及时的数据分析可以更早识别风险和潜在的合规问题，降低企业面临的风险。随着信息技术的迅速发展，特别是云计算、大数据、人工智能和区块链技术的应用，会计信息的收集、处理、分析和报告变得更加高效、准确和透明。许多企业转向云会计服务，如 Xero、速达财务软件在线版（QuickBooks Online）等，这些服务提供实时的财务数据处理和分析。企业可以随时随地访问其财务状况，实现了会计工作的自动化和远程协作。这种服务大大减少了会计工作的时间和错误率,提高了数据处理的效率;增强了财务透明度,帮助企业更好地监控现金流和预算;还支持多用户同时操作,促进了团队合作。

会计数字化在多个领域内已被成功应用,改善了会计流程的效率、透明度和可靠性。例如,大型跨国公司使用自动化软件,如企业管理解决方案(SAP)或甲骨文财务软件(Oracle Financials),来整合全球各地的财务数据,自动生成财务报告。这些系统可以自动汇总和转换不同国家的财务数据,确保遵守国际财务报告准则(IFRS)或特定国家的会计准则。这显著提高了报告的准确性和及时性,同时降低了财务团队在手动数据汇总和报告编制上的工作负担。小型企业和自由职业者广泛使用云会计服务,进行日常的账务处理、发票管理和财务分析。这些服务提供实时访问财务数据的能力,支持远程会计工作和客户协作,提高了财务数据管理的灵活性和可访问性,减少了对本地互联网技术(IT)基础设施的依赖,降低了成本。有的企业还建立了实时财务监控系统,利用自定义的预警指标和阈值,对财务健康状况进行持

续监控。系统可以自动识别异常交易、现金流短缺或其他潜在的财务风险。企业能够及时发现和应对财务风险，避免潜在的财务损失，保持财务稳定性。某些企业和组织探索使用区块链技术，以创建不可篡改的交易记录和审计轨迹。例如，区块链可用于确保供应链金融的透明度和安全性，或在跨境交易中提供可靠的财务信息，增加了交易记录的安全性和透明度，提高了利益相关方对财务信息的信任度。会计师和财务分析师也可以使用数据分析工具，对历史财务数据进行深入分析，识别趋势、预测未来财务表现，并支持预算编制和财务规划。基于数据的决策支持帮助企业优化财务管理，改善资源分配，增强对市场变化的适应能力。这些应用场景展示了会计数字化如何通过提高效率、增加透明度和改善决策支持，为会计和财务管理领域带来根本性的改变。随着技术的不断发展和创新，预计会有更多新的应用场景出现，进一步推动会计行业的转型和升级。

会计智能化通过融合人工智能、机器学习、大数据分析等技术，已经在多个会计和财务管理场景中得到应用。这些应用不仅提高了会计工作的效率和准确性，也为决策提供了更深层次的支持。企业使用机器学习算法，软件可以自动识别和分类银行交易记录，然后将其正确录入相应的会计科目中。例如，QuickBooks 在线版本使用这种技术帮助小企业自动化日常的账务处理。云会计平台如 Xero 和 Sage 利用 AI 技术，提供实时财务报告和动态财务分析功能。这些平台可以即时分析销售数据、现金流状况、成本和利润等，帮助企业主实时掌握企业财务健康状态。审计软件，如 IDEA 和 ACL 通过集成 AI 和数据分析技术，能够自动分析大量的财务数据，识别异常交易和潜在的风险点。这种技术显著提高了审计的效率和准确性，减少了人力资源的消耗。企业可以利用机器学习模型对历史财务数据进行分析，预测未来的现金流、销售趋势和市场需求。这种分析帮助企业提前做出战略调整，优化资源分配。利用区块链技术和智能合同自动执行和记录财务交易，提高交易的安全性和透明度。例如，使用智能合同自动处理供应链中的支付和发票处理，确保合同条款得到遵守。利用自然语言处理（NLP）和机器学习，会计和财务服务机构提供基于智能聊天机器人的客户服务。这些智能聊天机器人可以回答客户的常见

财务和税务问题,提供个性化的咨询服务。会计智能化的应用案例显示了技术如何在提高传统会计和财务管理任务的效率、准确性的同时,还为企业提供了新的决策支持工具和服务。随着技术的不断进步和应用的深入,预计会有更多创新的应用场景出现,进一步推动会计行业的变革和发展。

会计实时化、数字化和智能化不仅是会计技术和实践的一大进步,也是驱动会计学科新发展的重要因素。会计学专业的教育体系需要适应实时化、数字化和智能化的需求,将数据分析、信息技术、云计算等课程纳入标准课程体系中,培养学生的数字化能力。高等院校可以利用真实的实时会计系统案例,提供基于云的会计软件训练,使学生能够直接接触和实践最新的会计技术。同时,随着大量财务数据的实时处理和在线存储,信息安全和隐私保护成为重要课题。会计学科需要加强对未来会计人员在数据伦理和信息安全方面的培训。实时会计引发的数据处理、信息安全、系统集成等问题成为学术研究的新焦点,促使会计学科的研究领域向技术和管理的交叉领域扩展。会计学科的研究者可以与计算机科学、数据科学等领域的专家合作,共同探讨如何利用新技术改进会计实践和理论。

为了适应数字化时代的需求,会计教育需要在以下几个方面进行转型:

课程内容的数字化升级:更新和扩展课程内容,涵盖数字化会计、数据分析、区块链技术、人工智能在会计中的应用等,确保学生能够掌握最新的数字技术和其在会计领域的应用。

跨学科教育:加强会计与信息技术、数据科学等学科的融合,培养学生的跨学科知识和能力,使其能够应对复杂的数字化环境。

实践教学的强化:通过模拟实验、案例分析、企业实习等方式,加强实践教学,学生能够在真实或模拟的商业环境中掌握数字化会计技术和工具。

线上、线下混合教学模式:利用在线教育平台,开展灵活的线上、线下混合教学,提供多样化的学习资源和方式,提高教育的覆盖面和效率。

当代高校为了推动会计数字化教育的发展，可以采取以下策略：

引入先进的数字技术：建立数字化会计实验室，引入先进的会计软件和工具，如 SAP、Oracle 等，提供学生实际操作的机会。

加强师资培训：对教师进行数字化技能的培训，提升其对新技术的理解和教学能力，确保教学内容与时俱进。

深化校企合作：与企业建立紧密的合作关系，邀请企业专家授课，组织学生参与企业项目和实习，提升其实际操作和问题解决能力。

持续教育和终身学习：提供在职会计人员的数字化技能培训和继续教育课程，帮助其不断更新知识，适应数字化转型的要求。

会计实时化、数字化和智能化标志着会计行业进入了一个全新的发展阶段，这一阶段不仅将传统会计职能自动化、高效化，还将赋予会计以前所未有的分析能力和决策支持能力。这一变革不仅重塑了会计的未来使命，也为会计专业人士和企业开辟了广阔的发展机遇。总而言之,会计实时化、数字化和智能化不仅为会计学科带来了新的教育内容、研究方向和职业机会,也促使会计专业人士必须不断学习新技术、更新知识结构,以适应不断变化的会计实践环境。这些变化预示着会计学科将持续保持活力,不断适应新时代的需求。

▶▶ 会计学的传统就业方向

会计学的传统就业方向主要集中在财务、管理、税务、审计、会计服务和咨询等领域。这些方向在长时间内形成了比较成熟的职业路径,稳定性较强。

财务会计是最传统的会计就业方向之一,主要负责记录、分类和总结企业的财务交易,以生成财务报表和其他相关报告。这些报告用于向外部利益相关方(如股东、投资者、政府和监管机构)披露企业的财务状况。

财务会计通常负责处理企业的日常财务交易,如收入、费用、应收账款、应付账款和资产负债表的编制等。

他们需要确保财务数据的准确性，并按照国际财务报告准则(IFRS)或美国公认会计准则(GAAP)等相关会计准则进行处理和披露。虽然财务会计是基础性的岗位，但随着职业经验的积累，可以逐步晋升为财务经理、财务总监甚至首席财务官(CFO)。这些高管角色不仅负责企业的财务运作，还参与战略决策和公司治理。

管理会计的主要职责是为企业的内部管理层提供财务信息，以支持决策、规划和控制。其关注点包括成本管理、预算编制、业绩评价和资源配置等。通过分析企业的成本结构、利润中心和成本中心，并提供相关财务分析报告，管理会计助力企业优化运营。管理会计同时参与预算的编制与执行、资金流动管理和绩效考核等工作。管理会计具有较高的上升空间，特别是在大中型企业中，管理会计师的作用越来越重要。未来可以晋升为财务主管、预算主管，或进入更高级的公司管理层，协助企业在资源分配和战略规划中做出关键决策。

税务会计的主要职责是确保企业符合税务法规，优化企业的税务结构，处理企业的税务申报和规划。税务会计不仅需要了解国家和地方的税收法规,还需要掌握国际税务知识,尤其是对于跨国公司而言,税务合规和筹划是其运营中不可忽视的一部分。税务会计负责企业的税务申报和税务筹划,帮助企业合法地降低税务负担。他们还需要跟踪最新的税法变化,确保企业始终符合法规要求。此外,税务会计还需与税务机关打交道,处理税务稽查和审计等事务。税务会计是一个专门化的方向,随着企业对税务合规和国际税务的重视,具备跨国税务知识的专业人才需求增加。税务会计可以发展为税务经理、税务主管,甚至在咨询公司或专业税务机构成为税务顾问或专家。

审计是会计学毕业生的另一重要就业方向,分为外部审计和内部审计。审计工作通常涉及审查企业的财务报表和内部控制系统,确保财务信息的真实性和准确性,发现潜在风险并提出改进建议。外部审计师一般在独立的审计机构(如普华永道、毕马威、德勤、安永这四大会计师事务所)工作,负责审计客户的财务报表,确保其符合会计准则和法律法规。审计师的工作不仅要求精确的财务技能,还需具备较强的沟通能力和职业操守。内部审

计师则是在企业内部工作，主要负责检查和评估企业的内部控制和风险管理体系。他们通过审核企业的各项流程和制度，帮助公司提高运营效率并减少风险。外部审计可以为会计师提供丰富的行业经验和广泛的人脉关系，未来可以转入企业内部担任财务主管或风险管理岗位。内部审计的发展前景较好，通常可以晋升为公司审计总监、风险管理主管等高管职位。

会计服务和咨询是另一传统的就业方向，通常是提供外包会计服务、咨询服务和财务建议。会计师事务所、咨询公司和专业服务公司通常为客户提供包括审计、税务咨询、财务规划和企业重组等服务。会计服务人员需要为客户提供专业的财务建议，帮助企业改善财务管理、进行并购重组、优化税务结构等。咨询工作涉及广泛领域，包括财务分析、业务规划、风险管理和合规咨询等。在会计服务和咨询领域，员工的职业发展路径较为明确。进入四大会计师事务所或其他知名咨询公司的毕业生，可以积累大量经验，并逐步晋升为高级顾问、经理或合伙人。此外，咨询行业还为转型到企业管理层或进入金融领域提供了广阔的发展机会。

除了商业机构,会计学毕业生还可以选择进入政府部门或非营利组织工作。政府会计通常涉及公共财政管理,确保政府资源的合理配置与使用,而非营利组织会计则专注于捐款管理、预算编制和项目财务报告等工作。政府会计需要处理公共资金的预算、支出和监督,确保政府资源的高效使用。非营利组织会计则需要管理捐赠资金的使用情况,确保资金符合捐赠者意图,并同相关利益方报告财务使用情况。在政府部门工作的会计人员可以逐步晋升为财政管理专家或公共财务监督机构负责人,而在非营利组织的会计工作则可以通向财务主管、项目管理等职位,未来的职业发展路径相对稳定。

会计学的传统就业方向涵盖了多个领域,如财务会计、管理会计、税务、审计、会计服务和政府会计等。这些领域为毕业生提供了丰富的就业选择和稳定的职业路径。随着行业的发展和企业需求的变化,传统会计就业岗位正在发生转型,未来会计人员将需要具备更高的技术素养、战略思维和国际视野,以应对不断变化的市场需求。

▶▶ 会计学就业的新机遇

会计学的就业市场正在快速变化，新机遇不断涌现。技术进步、全球化及企业对财务角色的扩展需求正在推动会计学职业的多样化和高端化。随着数字化转型和智能技术的迅猛发展，会计行业也在不断适应这些变化。自动化、人工智能、大数据分析和区块链技术的应用，正在重塑会计人员的职能和职责，传统的会计工作正在向更高附加值的领域转移。

传统的财务会计人员的角色会逐渐向财务数据分析师转变。企业越来越依赖数据来做出财务决策，会计人员不再只负责传统的记账工作，而是需要分析和解释复杂的数据集。具备数据分析能力的会计学毕业生可以利用大数据和数据分析工具（如 Python 和 SQL）帮助企业预测市场趋势和优化财务战略。财务科技（fintech）在企业中的广泛应用为会计专业人士提供了新机遇。会计人员可以通过机器人流程自动化（RPA）和人工智能技术优化财务流程，提升效率和准确性。对于精通这些技术的会计学毕业生，企业对他们的需求将显著增加。此外，区块链技术提供了透明且不可篡改的账本，未来有望在审计和财务报告中得到广泛应用。熟悉区块链技术的会计师可以帮助企业创建更加安全、高效的财务系统，确保财务记录的准确性和完整性。

管理会计正变得越来越重要，因为企业高管对战略财务建议的依赖程度不断提升。管理会计不再局限于传统的成本核算，而是参与到企业的整体战略决策中，提供对公司绩效、风险和资源配置的分析支持。随着企业运营复杂性的增加，企业需要能够提供财务战略指导的专家。管理会计师可以通过分析财务数据为管理层提供决策依据，优化资源分配和风险管理，确保企业的可持续发展。在日益复杂的监管环境中，企业对风险管理和内部控制的需求正在增加。管理会计人员具备风险评估能力，能够为企业建立健全的内部控制体系，帮助公司避免财务和法律风险。

全球化的加剧推动了跨境业务的迅速扩展，企业越来越需要能够处理国际财务事务的专业人才。会计人员

需要具备国际财务报告准则(IFRS)和跨境税务的知识，以应对复杂的全球业务。随着跨国企业的增多，了解跨境会计、汇率波动、国际税务筹划等问题的国际财务经理将拥有更多就业机会。具备国际化视野和跨境业务经验的会计人员在全球化背景下具备强大的竞争力。跨国企业需要在多个司法辖区进行税务合规和筹划，这给国际税务专家提供了广阔的发展空间。他们通过深入了解不同国家的税务政策，帮助企业优化税务结构，降低全球税务负担。

随着企业社会责任(CSR)和可持续发展成为全球企业关注的重点，越来越多的企业开始发布环境、社会和公司治理(ESG)报告，披露其在环境、社会和公司治理方面的绩效。这种新兴趋势为会计学专业人才开辟了全新的就业领域。专注于环境影响、社会责任和公司治理的可持续发展会计师负责衡量企业的ESG绩效，撰写相关报告，帮助公司在环境保护、社会公平和公司治理方面实现透明化和合规性。随着全球范围内绿色金融的发展，会计师需要评估企业对可持续发展项目的投资效果，并对环保项目的财务影响进行分析。具备绿色金融知识的会计师在未来的金融市场中将有重要地位。

随着全球范围内绿色金融的发展,会计师需要评估企业对可持续发展项目的投资效果,并对环保项目的财务影响进行分析。具备绿色金融知识的会计师在未来的金融市场中将有重要地位。会计学毕业生可以选择进入咨询行业,为企业提供税务筹划、成本管理、财务风险控制等专业服务。咨询顾问不仅为企业提供具体的解决方案,还帮助企业提升长期的财务健康。具备会计和财务管理背景的毕业生可以选择创办自己的会计师事务所,提供外包会计服务、税务咨询、企业重组等服务。这类创业机会尤其适合中小企业和个体工商户,市场需求强劲且稳定。

随着会计学科的不断发展,对会计教育和科研领域的需求也在增加。未来的会计学研究不仅限于传统财务领域,还涉及会计技术、全球化、ESG等新兴议题。对于有志于从事教育或科研工作的会计学毕业生,他们可以在高校或研究机构中进行会计理论的深度研究,并培养

新一代会计人才。科研和教育领域的发展潜力巨大，尤其是随着会计技术的迅速发展和全球化的推进，会计学的教学内容也在不断更新。

传统的会计研究方法正在被数据驱动的研究方法所补充，利用大数据和机器学习技术进行财务和会计研究，提高研究的精确度和深度。随着智能化技术的应用，会计伦理教育需加强对数据隐私、信息安全等内容的关注，培养负责任的会计专业人士。智能化技术的使用需要新的行业规范和标准，确保技术应用的透明度和公正性。许多高校也相应设置智能会计方向，如中国人民大学会计学专业于2020年设置智能会计方向，该专业方向是商学院传统会计专业教育为应对数智化新挑战，适应大数据、人工智能、云计算等新兴技术对会计工作和人才新要求而开设。智能会计方向班实行"校内导师＋企业实践导师"双导师制；保留财会类核心课程，增加人工智能类关键课程，辅以实务界智能化系列讲座，并提供个性化选修课程；注重理论和实践融合，为学生提供众多高质量实践机会。该专业旨在培养具有数字化、智能化思维，掌握系统的会计和工商管理基础知识、扎实的数据处理和分析方法，以及深入的会计、审计和税务方面的专业理论知识，能够理解数字智能时代企业会计、审计和税务实践，能够在数字社会中将人工智能、大数据技术等新技术灵活应用于会计、审计、税务等工作中，善于从理论与技术角度分析问题和解决问题，具有沟通能力和社会责任感的复合型管理人才。

会计未来的发展将是一个与技术紧密结合、服务模式不断创新、专业角色和技能不断演化的过程。会计专业人士需要不断学习和适应新技术、新规范和新市场需求，以抓住发展的机遇。在未来会计发展过程中，财务人员的角色和作用预计将经历重大转变，从传统的数据记录和报告工作，转向更加战略性和分析性的职能。随着自动化和智能化技术的发展，许多传统的会计和财务任务（如数据录入、账目核对）将被自动化工具所取代。这使得财务人员能够从日常的重复工作中解放出来，转而专注于提供战略决策支持、财务规划和咨询服务。财务人员的角色将更多地变为企业战略发展的顾问，帮助企

业识别和把握成长机会,进行风险管理和预测分析。在数字化和数据驱动的商业环境中,财务人员需要具备强大的数据分析能力,能够利用大数据和分析工具从海量数据中提取有价值的洞察。

为适应新形势下的经济发展需求,高校在会计学专业的建设及改革方面也做出了许多努力:

课程设置的优化:许多高校调整和优化会计学专业的课程设置,增加了信息技术、数据分析、金融管理等相关课程,确保学生在多个领域具备综合能力。

实践教学的加强:通过校企合作、实习实践等方式,高校加强了实践教学环节,帮助学生将理论知识应用于实际工作中,提升其就业竞争力。

师资队伍的提升:高校注重引进高水平的师资力量,鼓励教师进行学术研究和行业实践,为学生提供高质量的教育资源。

国际交流与合作:通过与国外知名高校的交流合作,

国内高校为学生提供更多的海外学习机会,提升其国际竞争力。

通过这些转型和发展,会计教育将在智能化时代焕发新的生机,培养出适应未来需求的高素质会计人才。

参考文献

[1] 邓德强,温素彬,赵忆忆,等.会计实践能否提高会计学生职业道德推理能力?[J].会计研究,2018,(8):87-94.

[2] 董大胜.积极发挥学会职能作用 推进新时代审计事业创新发展[J].审计研究,2020,(4):8-13.

[3] 李居英.会计职业道德建设的问题与对策[J].山西财经大学学报,2019,41(S1):45-46.

[4] 李克红."互联网+"时代管理会计人才培养模式探析[J].财务与会计,2016,(15):62.

[5] 李芸达,陈国平,范丽红,等.现代职业教育背景下会计技能教学改革与创新[J].会计研究,2015,

(2)：87-92.

[6] 刘刚，张泠然，殷建瓴. 价值主张、价值创造、价值共享与农业产业生态系统的动态演进——基于德青源的案例研究[J]. 中国农村经济，2020，(7)：24-39.

[7] 孙龙渊，李晓慧，陈沁. 注册会计师说"不"的"阵痛"效应研究[J]. 中央财经大学学报，2023(10)：57-67.

[8] 吴海荣，廖伯琴. 职业技术教育主题式模拟实训教学设想[J]. 电化教育研究，2009(9)：112-115.

[9] 巫文勇，李泽军. 数字人民币发行对财务会计制度的影响研究[J]. 当代财经，2024(2)：139-153.

[10] 习近平. 在企业家座谈会上的讲话[N]. 人民日报，2022-07-22(2).

[11] 许玲玲，李登举. "互联网+"时代会计人才培养模式变革研究[J]. 商业会计，2022(14)：123-125.

[12] 徐玉德，刘迪，樊柯馨. 数字经济时代会计教育转型与职业发展规划[J]. 财政科学，2021，(12)：27-36.

[13] 张继勋,柳扬,苗靖钰. 保留意见专项说明中重要性披露、重大错报表述形式与投资者投资判断——一项实验研究[J]. 审计研究,2023(5):62-70.

[14] 张敏,吴亭,史春玲,等. 智能财务人才类型与培养模式:一个初步框架[J]. 会计研究,2022,(11):14-26.

[15] 张玉琳,敖小波,贺颖奇. 2021年我国会计诚信建设发展情况的调查报告[J]. 会计研究,2022(12):3-18.

后　记

甲辰年孟夏,有幸受到大连理工大学出版社盛情邀约,我们得以参与这套学科科普丛书的创作。历经数月与编辑团队的深入研讨,于金秋时节敲定写作框架,由此踏上了精耕细作的学术之旅。

当下,数字经济与商业文明正经历深刻变革,会计学作为"通用商业语言",亦在智能化、全球化浪潮中迎来新的历史机遇。我们深耕会计学教学与研究数十载,虽曾围绕会计准则、企业财务等领域发表过研究成果,却少有机会以面向社会大众的视角来梳理和诠释会计学这门商业文明的基础语言。习近平总书记强调,要"加快构建中国特色哲学社会科学学科体系",这让我们深感:在会计学与技术深度融合、全球准则加速趋同的今天,以一本作

品全面诠释会计学的本质规律、发展逻辑与时代价值,既是学术使命,亦是回应时代之问的应有之义。

在写作中,我们始终怀揣两个朴素的愿望:一是打破学科壁垒,让会计学走出"专业孤岛",以通俗的语言和鲜活的案例,向更广泛的读者展现其内在逻辑与现实价值;二是回应时代之问,在数字化、智能化浪潮中,为会计学的发展锚定方向——它不应只是技术的跟随者,更应成为价值的引领者。为此,我们系统检索了国内外众多的公开报告、行业分析及深度调研资料,从传统制造业到新兴科技公司,从政府部门到非营利组织的实践案例中提炼素材,那些字里行间的真实财务实践让我们确信:会计学的生命力,正源于其与时代需求的同频共振。基于积极服务于中国式现代化的学科体系建设的主动性,本书从会计学的层次结构中提炼出面向社会大众的"会计学知识体系",希冀能够弥补此类书籍体系的不足,帮助读者了解会计学的核心理念,掌握会计的本质特征,提升对会计学这门"通用商业语言"的认知层次与思考运用。

本书的成书,凝聚着诸多同仁的心血:感谢南京航空航天大学团队成员在海量学术文献与行业报告中披沙拣金,聚焦会计学的发展逻辑和思想理念,将会计学的"真善美"传递给读者;感谢大连理工大学出版社编辑团队的创意策划与严谨校勘,你们对学术品质的执着追求,让抽象的会计理论得以更富温度的表达;感谢读者,当您翻开这本书时,我们的创作便有了意义,而您的思考与反馈,将成为我们继续前行的动力。

学术之路漫漫,我们深知书中仍有未尽之处。若您在阅读中有所共鸣或质疑,欢迎随时与我们交流。期待与所有热爱会计学的同行者一道,在这片充满生机的领域里,继续追寻真相、探索未知、创造价值。

值此会计学变革与重构的关键时期,我们期待以本书为起点,与所有致力于学科发展的同行者携手:在会计准则国际趋同中传递中国经验,在智能会计转型中探索创新路径,为突出会计学的全球化特征与本土化特色、彰显会计学的价值创造情怀、助力经济高质量发展贡献绵薄之力。愿会计学的智慧,照亮商业文明的前行之路。

耿成轩
2025 年 5 月于南京航空航天大学砚湖之畔

"走进大学"丛书书目

什么是地质?	殷长春	吉林大学地球探测科学与技术学院教授(作序)
	曾 勇	中国矿业大学资源与地球科学学院教授
		首届国家级普通高校教学名师
	刘志新	中国矿业大学资源与地球科学学院副院长、教授
什么是物理学?	孙 平	山东师范大学物理与电子科学学院教授
	李 健	山东师范大学物理与电子科学学院教授
什么是化学?	陶胜洋	大连理工大学化工学院副院长、教授
	王玉超	大连理工大学化工学院副教授
	张利静	大连理工大学化工学院副教授
什么是数学?	梁 进	同济大学数学科学学院教授
什么是统计学?	王兆军	南开大学统计与数据科学学院执行院长、教授
什么是大气科学?	黄建平	中国科学院院士
		国家杰出青年科学基金获得者
	刘玉芝	兰州大学大气科学学院教授
	张国龙	兰州大学西部生态安全协同创新中心工程师
什么是生物科学?	赵 帅	广西大学亚热带农业生物资源保护与利用国家重点实验室副研究员
	赵心清	上海交通大学微生物代谢国家重点实验室教授
	冯家勋	广西大学亚热带农业生物资源保护与利用国家重点实验室二级教授
什么是地理学?	段玉山	华东师范大学地理科学学院教授
	张佳琦	华东师范大学地理科学学院讲师
什么是机械?	邓宗全	中国工程院院士
		哈尔滨工业大学机电工程学院教授(作序)
	王德伦	大连理工大学机械工程学院教授
		全国机械原理教学研究会理事长
什么是材料?	赵 杰	大连理工大学材料科学与工程学院教授

什么是金属材料工程？
　　　　　　　王　清　　大连理工大学材料科学与工程学院教授
　　　　　　　李佳艳　　大连理工大学材料科学与工程学院副教授
　　　　　　　董红刚　　大连理工大学材料科学与工程学院党委书记、教授(主审)
　　　　　　　陈国清　　大连理工大学材料科学与工程学院副院长、教授(主审)
什么是功能材料？
　　　　　　　李晓娜　　大连理工大学材料科学与工程学院教授
　　　　　　　董红刚　　大连理工大学材料科学与工程学院党委书记、教授(主审)
　　　　　　　陈国清　　大连理工大学材料科学与工程学院副院长、教授(主审)
什么是自动化？王　伟　　大连理工大学控制科学与工程学院教授
　　　　　　　　　　　　国家杰出青年科学基金获得者(主审)
　　　　　　　王宏伟　　大连理工大学控制科学与工程学院教授
　　　　　　　王　东　　大连理工大学控制科学与工程学院教授
　　　　　　　夏　浩　　大连理工大学控制科学与工程学院院长、教授
什么是计算机？嵩　天　　北京理工大学网络空间安全学院副院长、教授
什么是网络安全？
　　　　　　　杨义先　　北京邮电大学网络空间安全学院教授
　　　　　　　钮心忻　　北京邮电大学网络空间安全学院教授
什么是人工智能？江　贺　　大连理工大学人工智能大连研究院院长、教授
　　　　　　　　　　　　国家优秀青年科学基金获得者
　　　　　　　任志磊　　大连理工大学软件学院教授
什么是土木工程？
　　　　　　　李宏男　　大连理工大学土木工程学院教授
　　　　　　　　　　　　国家杰出青年科学基金获得者
什么是水利？　张　弛　　大连理工大学建设工程学部部长、教授
　　　　　　　　　　　　国家杰出青年科学基金获得者
什么是化学工程？
　　　　　　　贺高红　　大连理工大学化工学院教授
　　　　　　　　　　　　国家杰出青年科学基金获得者
　　　　　　　李祥村　　大连理工大学化工学院副教授
什么是矿业？　万志军　　中国矿业大学矿业工程学院副院长、教授
　　　　　　　　　　　　入选教育部"新世纪优秀人才支持计划"
什么是纺织？　伏广伟　　中国纺织工程学会理事长(作序)
　　　　　　　郑来久　　大连工业大学纺织与材料工程学院二级教授

什么是轻工？	石　碧	中国工程院院士
		四川大学轻纺与食品学院教授（作序）
	平清伟	大连工业大学轻工与化学工程学院教授

什么是海洋工程？
　　　　　　　柳淑学　大连理工大学水利工程学院研究员
　　　　　　　　　　　入选教育部"新世纪优秀人才支持计划"
　　　　　　　李金宣　大连理工大学水利工程学院副教授

什么是海洋科学？
　　　　　　　管长龙　中国海洋大学海洋与大气学院名誉院长、教授

什么是船舶与海洋工程？
　　　　　　　张桂勇　大连理工大学船舶工程学院院长、教授
　　　　　　　　　　　国家杰出青年科学基金获得者
　　　　　　　汪　骥　大连理工大学船舶工程学院副院长、教授

什么是航空航天？
　　　　　　　万志强　北京航空航天大学航空科学与工程学院副院长、教授
　　　　　　　杨　超　北京航空航天大学航空科学与工程学院教授
　　　　　　　　　　　入选教育部"新世纪优秀人才支持计划"

什么是生物医学工程？
　　　　　　　万遂人　东南大学生物科学与医学工程学院教授
　　　　　　　　　　　中国生物医学工程学会副理事长（作序）
　　　　　　　邱天爽　大连理工大学生物医学工程学院教授
　　　　　　　刘　蓉　大连理工大学生物医学工程学院副教授
　　　　　　　齐莉萍　大连理工大学生物医学工程学院副教授

什么是食品科学与工程？
　　　　　　　朱蓓薇　中国工程院院士
　　　　　　　　　　　大连工业大学食品学院教授

什么是建筑？	齐　康	中国科学院院士
		东南大学建筑研究所所长、教授（作序）
	唐　建	大连理工大学建筑与艺术学院院长、教授

什么是生物工程？	贾凌云	大连理工大学生物工程学院院长、教授
		入选教育部"新世纪优秀人才支持计划"
	袁文杰	大连理工大学生物工程学院副院长、副教授

什么是物流管理与工程？		
	刘志学	华中科技大学管理学院二级教授、博士生导师
	刘伟华	天津大学运营与供应链管理系主任、讲席教授、博士生导师
		国家级青年人才计划入选者
什么是哲学？	林德宏	南京大学哲学系教授
		南京大学人文社会科学荣誉资深教授
	刘　鹏	南京大学哲学系副主任、副教授
什么是经济学？	原毅军	大连理工大学经济管理学院教授
什么是数字贸易？		
	马述忠	浙江大学中国数字贸易研究院院长、教授（作序）
	王群伟	南京航空航天大学经济与管理学院院长、教授
	马晓平	南京航空航天大学经济与管理学院副教授
什么是经济与贸易？		
	黄卫平	中国人民大学经济学院原院长
		中国人民大学教授（主审）
	黄　剑	中国人民大学经济学博士暨世界经济研究中心研究员
什么是社会学？	张建明	中国人民大学党委原常务副书记、教授（作序）
	陈劲松	中国人民大学社会与人口学院教授
	仲婧然	中国人民大学社会与人口学院博士研究生
	陈含章	中国人民大学社会与人口学院硕士研究生
什么是民族学？	南文渊	大连民族大学东北少数民族研究院教授
什么是公安学？	靳高风	中国人民公安大学犯罪学学院院长、教授
	李姝音	中国人民公安大学犯罪学学院副教授
什么是法学？	陈柏峰	中南财经政法大学法学院院长、教授
		第九届"全国杰出青年法学家"
什么是教育学？	孙阳春	大连理工大学高等教育研究院教授
	林　杰	大连理工大学高等教育研究院副教授
什么是小学教育？	刘　慧	首都师范大学初等教育学院教授
什么是体育学？	于素梅	中国教育科学研究院体育美育教育研究所副所长、研究员
	王昌友	怀化学院体育与健康学院副教授
什么是心理学？	李　焰	清华大学学生心理发展指导中心主任、教授（主审）
	于　晶	辽宁师范大学教育学院教授

什么是中国语言文学？
　　　　　　　　赵小琪　广东培正学院人文学院特聘教授
　　　　　　　　　　　　武汉大学文学院教授
　　　　　　　　谭元亨　华南理工大学新闻与传播学院二级教授
什么是新闻传播学？
　　　　　　　　陈力丹　四川大学讲席教授
　　　　　　　　　　　　中国人民大学荣誉一级教授
　　　　　　　　陈俊妮　中央民族大学新闻与传播学院副教授
什么是历史学？张耕华　华东师范大学历史学系教授
什么是林学？　张凌云　北京林业大学林学院教授
　　　　　　　　张新娜　北京林业大学林学院副教授
什么是动物医学？
　　　　　　　　陈启军　沈阳农业大学校长、教授
　　　　　　　　　　　　国家杰出青年科学基金获得者
　　　　　　　　　　　　"新世纪百千万人才工程"国家级人选
　　　　　　　　高维凡　曾任沈阳农业大学动物科学与医学学院副教授
　　　　　　　　吴长德　沈阳农业大学动物科学与医学学院教授
　　　　　　　　姜　宁　沈阳农业大学动物科学与医学学院教授
什么是农学？　陈温福　中国工程院院士
　　　　　　　　　　　　沈阳农业大学农学院教授（主审）
　　　　　　　　于海秋　沈阳农业大学农学院院长、教授
　　　　　　　　周宇飞　沈阳农业大学农学院副教授
　　　　　　　　徐正进　沈阳农业大学农学院教授
什么是植物生产？
　　　　　　　　李天来　中国工程院院士
　　　　　　　　　　　　沈阳农业大学园艺学院教授
什么是医学？　任守双　哈尔滨医科大学马克思主义学院教授
什么是中医学？贾春华　北京中医药大学中医学院教授
　　　　　　　　李　湛　北京中医药大学岐黄国医班（九年制）博士研究生
什么是法医学？丛　斌　中国工程院院士
　　　　　　　　　　　　河北医科大学法医学院院长、教授
　　　　　　　　李淑瑾　河北医科大学法医学院常务副院长、教授
什么是口腔医学？
　　　　　　　　韩向龙　四川大学华西口腔医学院院长、教授（主审）
　　　　　　　　张凌琳　四川大学华西口腔医学院口腔内科学系主任、教授

什么是公共卫生与预防医学？

　　　　刘剑君　中国疾病预防控制中心副主任、研究生院执行院长

　　　　刘　珏　北京大学公共卫生学院研究员

　　　　么鸿雁　中国疾病预防控制中心研究员

　　　　张　晖　全国科学技术名词审定委员会事务中心副主任

什么是药学？　尤启冬　中国药科大学药学院教授

　　　　郭小可　中国药科大学药学院副教授

什么是护理学？　姜安丽　海军军医大学护理学院教授

　　　　周兰姝　海军军医大学护理学院教授

　　　　刘　霖　海军军医大学护理学院副教授

什么是管理学？　齐丽云　大连理工大学经济管理学院副教授

　　　　汪克夷　大连理工大学经济管理学院教授

什么是会计学？　耿成轩　南京航空航天大学经济与管理学院教授

　　　　仇冬芳　南京航空航天大学经济与管理学院副教授

　　　　马　珩　南京航空航天大学经济与管理学院教授

什么是图书情报与档案管理？

　　　　李　刚　南京大学信息管理学院教授

什么是电子商务？李　琪　西安交通大学经济与金融学院二级教授

　　　　彭丽芳　厦门大学管理学院教授

什么是工业工程？郑　力　清华大学副校长、教授（作序）

　　　　周德群　南京航空航天大学经济与管理学院院长、二级教授

　　　　欧阳林寒　南京航空航天大学经济与管理学院研究员

什么是艺术学？　梁　玖　北京师范大学艺术与传媒学院教授

什么是戏剧与影视学？

　　　　梁振华　北京师范大学文学院教授、影视编剧、制片人

什么是设计学？李砚祖　清华大学美术学院教授

　　　　朱怡芳　中国艺术研究院副研究员

什么是有机化学？

　　　　[英]格雷厄姆·帕特里克（作者）

　　　　　　西苏格兰大学有机化学和药物化学讲师

　　　　刘　春（译者）

　　　　　　大连理工大学化工学院教授

　　　　高欣钦（译者）

　　　　　　大连理工大学化工学院副教授

什么是晶体学？ [英]A. M. 格拉泽（作者）
　　　　　　　　牛津大学物理学荣誉教授
　　　　　　　　华威大学客座教授
　　　　　刘　涛（译者）
　　　　　　　　大连理工大学化工学院教授
　　　　　赵　亮（译者）
　　　　　　　　大连理工大学化工学院副研究员

什么是三角学？ [加]格伦·范·布鲁梅伦（作者）
　　　　　　　　奎斯特大学数学系协调员
　　　　　　　　加拿大数学史与哲学学会前主席
　　　　　雷逢春（译者）
　　　　　　　　大连理工大学数学科学学院教授
　　　　　李凤玲（译者）
　　　　　　　　大连理工大学数学科学学院教授

什么是对称学？ [英]伊恩·斯图尔特（作者）
　　　　　　　　英国皇家学会会员
　　　　　　　　华威大学数学专业荣誉教授
　　　　　刘西民（译者）
　　　　　　　　大连理工大学数学科学学院教授
　　　　　李凤玲（译者）
　　　　　　　　大连理工大学数学科学学院教授

什么是麻醉学？ [英]艾登·奥唐纳（作者）
　　　　　　　　英国皇家麻醉师学院研究员
　　　　　　　　澳大利亚和新西兰麻醉师学院研究员
　　　　　毕聪杰（译者）
　　　　　　　　大连理工大学附属中心医院麻醉科副主任、主任医师
　　　　　　　　大连市青年才俊

什么是药品？ [英]莱斯·艾弗森（作者）
　　　　　　　　牛津大学药理学系客座教授
　　　　　　　　剑桥大学 MRC 神经化学药理学组前主任
　　　　　程　昉（译者）
　　　　　　　　大连理工大学化工学院药学系教授

　　　　　张立军（译者）

　　　　　　　　大连市第三人民医院主任医师、专业技术二级教授

　　　　　　　　"兴辽英才计划"领军医学名家

什么是哺乳动物？

　　　　　[英]T. S. 肯普（作者）

　　　　　　　　牛津大学圣约翰学院荣誉研究员

　　　　　　　　曾任牛津大学自然历史博物馆动物学系讲师

　　　　　　　　牛津大学动物学藏品馆长

　　　　　田　天（译者）

　　　　　　　　大连理工大学环境学院副教授

　　　　　王鹤霏（译者）

　　　　　　　　国家海洋环境监测中心工程师

什么是兽医学？ [英]詹姆斯·耶茨（作者）

　　　　　　　　英国皇家动物保护协会首席兽医官

　　　　　　　　英国皇家兽医学院执业成员、官方兽医

　　　　　马　莉（译者）

　　　　　　　　大连理工大学外国语学院副教授

什么是生物多样性保护？

　　　　　[英]大卫·W. 麦克唐纳（作者）

　　　　　　　　牛津大学野生动物保护研究室主任

　　　　　　　　达尔文咨询委员会主席

　　　　　杨　君（译者）

　　　　　　　　大连理工大学生物工程学院党委书记、教授

　　　　　　　　辽宁省生物实验教学示范中心主任

　　　　　张　正（译者）

　　　　　　　　大连理工大学生物工程学院博士研究生

　　　　　王梓丞（译者）

　　　　　　　　美国俄勒冈州立大学理学院微生物学系学生